艺术汉语
——动画篇

吴加培 主编

吉林大学出版社
·长春·

图书在版编目(CIP)数据

艺术汉语. 动画篇 / 吴加培主编. -- 长春：吉林大学出版社, 2024. 4. -- ISBN 978-7-5768-3319-5

Ⅰ. H195.4

中国国家版本馆CIP数据核字第2024K0662Y号

书　　　名：艺术汉语——动画篇
YISHU HANYU ——DONGHUA PIAN

作　　　者：吴加培
策划编辑：邵宇彤
责任编辑：崔吉华
责任校对：刘　丹
装帧设计：寒　露
出版发行：吉林大学出版社
社　　　址：长春市人民大街4059号
邮政编码：130021
发行电话：0431-89580036/58
网　　　址：http://www.jlup.com.cn
电子邮箱：jldxcbs@sina.com
印　　　刷：河北万卷印刷有限公司
成品尺寸：185mm×260mm　　16开
印　　　张：7.75
字　　　数：105千字
版　　　次：2024年4月第1版
印　　　次：2024年4月第1次
书　　　号：ISBN 978-7-5768-3319-5
定　　　价：58.00元

版权所有　　翻印必究

目录

第一课　认识动画　　　　　　　　　　　　　　　　**001**
　　课文一　动画和动漫　　　　　　　　　　　　　　001
　　课文二　动画基本元素　　　　　　　　　　　　　004

第二课　动画角色的创造 　　　　　　　　　　　　**010**
　　课文一　几何与角色　　　　　　　　　　　　　　010
　　课文二　几何元素的组合　　　　　　　　　　　　013

第三课　表演 　　　　　　　　　　　　　　　　　**018**
　　课文一　表演方式　　　　　　　　　　　　　　　018
　　课文二　表演的重要性　　　　　　　　　　　　　021

第四课　色彩 　　　　　　　　　　　　　　　　　**026**
　　课文一　色彩的三大属性　　　　　　　　　　　　026
　　课文二　色指定　　　　　　　　　　　　　　　　028

第五课　镜头 　　　　　　　　　　　　　　　　　**033**
　　课文一　镜头的分类　　　　　　　　　　　　　　033
　　课文二　镜头的轴向　　　　　　　　　　　　　　035

第六课　景别 　　　　　　　　　　　　　　　　　**040**
　　课文一　什么是景别　　　　　　　　　　　　　　040
　　课文二　使用景别的依据　　　　　　　　　　　　043

第七课　镜头的运动与组接 　　　　　　　　　　　**048**
　　课文一　镜头的运动　　　　　　　　　　　　　　048
　　课文二　镜头组接　　　　　　　　　　　　　　　051

第八课	剪辑与合成	055
	课文一　剪辑	055
	课文二　合成	057
第九课	配音与特效	061
	课文一　配音	061
	课文二　特效	063
第十课	剧本	067
	课文一　动画剧本	067
	课文二　剧本写作	070
第十一课	角色造型	075
	课文一　角色造型的设计	075
	课文二　角色造型的美术风格	078
第十二课	动画节奏	084
	课文一　节奏	084
	课文二　运动规律	087
第十三课	故事板	092
	课文一　故事板的必备元素	092
	课文二　故事板镜头画面的设计	095
第十四课	动画与现代动画制作技术	100
	课文一　二维动画和三维动画	100
	课文二　现代动画制作技术	102
第十五课	中国传统艺术与动画的结合	106
	课文一　水墨动画	106
	课文二　剪纸动画	109
第十六课	中国动画	113
	课文一　皮影戏	113
	课文二　中国动画代表作	115

第一课　认识动画

📖 课文一　动画和动漫

杨老师：同学们，你们知道**动画**和**动漫**有什么**区别**吗？

钱小丽：动漫的**范围**更**广**，包括了动画和**漫画**。

杨老师：那动画和漫画有什么区别呢？

赵文龙：动画是在电视上看的，漫画是在书上看的。

杨老师：对。它们的区别是动画是**动态**的，漫画是**静态**的。它们的相同点是都要讲故事。

动画	dònghuà ;	*n.* animation
动漫	dòngmàn ;	*n.* animation and comic
区别	qūbié ;	*n.* distinction
范围	fànwéi ;	*n.* range
广	guǎng ;	*adj.* wide
漫画	mànhuà ;	*n.* comic
动态	dòngtài ;	*adj.* dynamic
静态	jìngtài ;	*adj.* static

001

注释

是……的

该句型一般用于强调过去已经发生或者完成的动作行为发生的**时间**、**地点**、**方式**、**目的**等，有时候可以省略"是"。在本文中，"是……的"用于强调动作行为完成的方式。

（1）我是半年前来中国的。（强调时间）
（2）我是从泰国来的。（强调地点）
（3）我是坐飞机来中国的。（强调方式）
（4）我是来学习动画的。（强调目的）

练一练

1. 用所给汉字完成词语。

| 画　范　漫　静　动　区 |

（　）态　　　　动（　）　　　　（　）别
（　）态　　　　（　）围　　　　漫（　）

2. 选择合适的词语完成句子。

| A.漫画　B.动画　C.动漫　D.静态 |
| E.动态　F.区别　G.广　　H.范围 |

（1）老师没有告诉我们考试的（　　）。
（2）你知道动画和漫画的（　　）是什么吗？
（3）我昨天去书店买了一本（　　）书。
（4）《大闹天宫》是中国有名的（　　）。

（5）不动的状态就是（　　）。

（6）静态的反义词是（　　）。

（7）英文是世界上使用范围最（　　）的语言。

（8）动画和漫画可以一起叫作（　　）。

3. 按要求，用"是……的"造句。

（1）强调时间。

（2）强调地点。

（3）强调方式。

（4）强调目的。

课文二　动画基本元素

杨老师：文龙，你知道动画的**基本元素**是什么吗？

赵文龙：**角色**。

杨老师：除了角色呢？

赵文龙：还有**场景**。

杨老师：什么是角色？什么是场景？

赵文龙：角色是故事中的**人物**，场景是人物**活动**的**背景**。

杨老师：不**完全**对。因为有些元素既是角色，又是场景。**创作**动画时，场景不是**一成不变**的，它也应该有生命。

基本	jīběn；*adj.* basic	活动	huódòng；*v.* act
元素	yuánsù；*n.* element	背景	bèijǐng；*n.* background
角色	juésè；*n.* role, character	完全	wánquán；*adv.* completely
场景	chǎngjǐng；*n.* scene	创作	chuàngzuò；*v.* create
人物	rénwù；*n.* figure	一成不变	yīchéng-bùbiàn；*adj.* invariable

注释

除了……

√ 除了……，也/还……

表示去掉已经知道的，补充其他的。

（1）除了动画专业课，我们还需要上汉语课。

（2）除了我，张明也会说汉语。

√ 除了……，都……

表示去掉特殊的，强调一样的。

（1）除了周末，都要上课。

（2）除了张明和我，其他同学都不会说汉语。

既……又……

表示两种状态同时存在。

（1）这件衣服既便宜又好看。

（2）张明既会说汉语，又会说英语。

练一练

1. 用所给汉字完成词语。

| 本 | 元 | 角 | 场 | 物 | 动 | 景 | 完 | 作 | 变 |

（　）全　　创（　）　　活（　）　　人（　）　　基（　）

（　）素　　（　）色　　背（　）　　（　）景　　一成不（　）

2. 连线。

　　　　　A　　　　　　　　　　　　　　　　　B

场景	act	完全	figure
背景	role	人物	invariable
活动	scene	元素	element
角色	create	一成不变	completely
创作	background		

✎ 练习

1. 阅读课文一，回答问题。

（1）动画和动漫，哪个范围更广？

（2）动画和漫画的区别是什么？

（3）根据课文内容填空。

　　　动画与动漫的_____是，_____的范围比_____的范围广，动漫包括了_____；动画与漫画的相同点是_____，不同点是_____。

2. 阅读课文二，回答问题。

（1）动画的基本元素是什么？

（2）"场景是人物活动的背景"这句话对不对？为什么？

（3）根据课文内容填空。

　　动画有两个_____，就是_____和_____。学生认为角色是_____，场景是_____，但老师说这个回答_____，因为场景不是_____，它也应该_____。

3. 请判断下面几个句子是正确还是错误，如果错误，请说明为什么。

（1）漫画的范围比动漫的范围广。

（2）场景是人物活动的背景，是一成不变的。

（3）动画的基本元素是角色和场景。

（4）动画和漫画的相同点是它们都是在电视上看的。

（5）"我是今年才来成都的"这句话是在强调"我"来的地方。

4. 请介绍一个你最喜欢的动画角色。

☑ 补充词语

1. 定格动画　dìnggé dònghuà；stop-motion animation
2. 角色动画　juésè dònghuà；character animation
3. 商业动画　shāngyè dònghuà；commercial animation

4. 实验动画　shíyàn dònghuà；experimental animation
5. 表演　　　biǎoyǎn；performance
6. 光影　　　guāngyǐng；light and shadow
7. 色彩　　　sècǎi；color
8. 氛围　　　fēnwéi；atmosphere
9. 叙事　　　xùshì；narrate

拓展阅读

　　《大闹天宫》由中国上海美术电影**制片厂****制作**，**取材于**中国四大古典名著之一的《**西游记**》，主要角色为**孙悟空**。这部动画片**讲述**了孙悟空发现自己被天上的**神仙****欺骗**以后大闹天宫的故事，**生动****描绘**出孙悟空这一中国式**神话英雄**的**活泼**、**机智**和**勇敢**。《大闹天宫》是中国成功的彩色动画片之一，影响了中国几代人。

1. 制片厂　　zhìpiànchǎng；film studio
2. 制作　　　zhìzuò；manufacture
3. 取材于　　qǔcái yú；based on
4. 《西游记》《Xīyóujì》；*Journey to the West*
5. 孙悟空　　Sūnwùkōng；Monkey King
6. 讲述　　　jiǎngshù；narrate
7. 神仙　　　shénxiān；Chinese immortal
8. 欺骗　　　qīpiàn；deceive
9. 生动　　　shēngdòng；vivid
10. 描绘　　　miáohuì；describe

11. 神话　　　shénhuà；mythology
12. 英雄　　　yīngxióng；hero
13. 活泼　　　huópō；active，lively
14. 机智　　　jīzhì；quick-witted
15. 勇敢　　　yǒnggǎn；brave
16. 代　　　　dài；generation

第二课　动画角色的创造

📖 课文一　几何与角色

钱小丽：老师，我发现，动画里很多**可爱**、善良的角色的头是**圆形**的。

杨老师：你**观察**得非常仔细！今天我们就来讲一下动画角色与**几何**图形之间的关系。常见的几何图形是圆形、**方形**和**三角形**，圆形多用来**表现**可爱、活泼的角色，那么三角形和方形呢？

钱小丽：坏人的头很多都是三角形。

杨老师：是。三角形一般用来表现**奸诈**、**狡猾**的角色，但是也可以用来表现**调皮**的角色；而方形一般用来表现**沉稳**、**老实**的角色。

可爱	kě'ài；*adj.* lovely	奸诈	jiānzhà；*adj.* treacherous
圆形	yuánxíng；*n.* circle, round	狡猾	jiǎohuá；*adj.* sly, cunning
观察	guānchá；*v.* observe	调皮	tiáopí；*adj.* naughty, mischievous
几何	jǐhé；*n.* geometry		
方形	fāngxíng；*n.* square	沉稳	chénwěn；*adj.* calm
三角形	sānjiǎoxíng；*n.* triangle	老实	lǎoshi；*adj.* honest
表现	biǎoxiàn；*v.* show, express		

注释

的 地 得

√ 的：一般用在主语和宾语的前面，如"聪明的孩子"。

√ 地：一般用在谓语前面，如"飞快地跑"。

√ 得：一般用在谓语后面，如"跑得飞快"。

练一练

1. 用所给汉字完成词语。

| 实 何 稳 察 可 猾 形 奸 圆 角 皮 现 |

三（　）形　　几（　）　　狡（　）　　（　）形

方（　）　　　调（　）　　表（　）　　老（　）

观（　）　　　（　）诈　　（　）爱　　沉（　）

2. 请说出下列几何的名称。

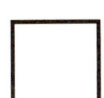

△　　□　　○

____　　____　　____

3. 选择合适的词语完成句子。

A.老实　B.几何　C.表现　D.沉稳　E.观察
F.调皮　G.狡猾　H.可爱　I.奸诈

（1）三角形元素较多的角色，一般是（　　）、（　　）或（　　）的。

（2）方形元素较多的角色，一般是（　　　）、（　　　）的。

（3）圆形元素较多的角色，一般是（　　　）、活泼的。

（4）三角形、圆形、方形都是（　　　）图形。

（5）如果想画好一幅画，那就要多（　　　）、多练习。

（6）一般用圆形（　　　）可爱的角色。

课文二 几何元素的组合

赵文龙：老师，这是我设计的**人物原案**。

杨老师：这些几何元素的**组合**太简单了，大小差不多，**布局**也很单调，**缺少**一些**变化**，看起来没有**生命力**。

赵文龙：那我再**改**改。

杨老师：嗯，改好了再做**人物设定**、**背景设定**和**机械设定**，现在就可以开始**构思**。

赵文龙：知道了，谢谢老师。

人物原案	rénwù yuán'àn ; *n.* the original figure	人物设定	rénwù shèdìng ; *n.* character setting
组合	zǔhé ; *n.* combination	背景设定	bèijǐng shèdìng ; *n.* background setting
布局	bùjú ; *v.* layout		
缺少	quēshǎo ; *v.* lack	机械设定	jīxiè shèdìng ; *n.* mechanical setting
变化	biànhuà ; *n.* variation		
生命力	shēngmìnglì ; *n.* vitality	构思	gòusī ; *v.* conceive
改	gǎi ; *v.* revise		

注释

动词重叠：AA 式

表示动作持续时间短；表示动作过程的延续；有尝试的意思。

练一练

1. 用所给汉字完成词语。

械　构　景　物　合　变　局　缺　生命

（　）少　　　　　组（　）　　　　　布（　）

（　）力　　　　　（　）思　　　　　机（　）

背（　）　　　　　人（　）　　　　　（　）化

2. 选择合适的词语完成句子。

| A. 生命力　B. 缺少　C. 布局　D. 变化 |
| E. 机械　F. 组合　G. 改　H. 构思 |

（1）这幅绘画作品构图合理，（　　）巧妙。

（2）世界上所有的东西都在（　　），没有一成不变的东西。

（3）老师让我把试卷上的错题（　　）过来。

（4）你创作的这个角色（　　）一点（　　）。

（5）这节课我们要学习怎么将三角形、圆形、方形等元素（　　）在一起。

（6）创作过程中，要注意这些几何元素的大小和（　　）都应该不一样。

（7）他是一位很有技巧的（　　）修理工。

✎ 练习

1. 阅读课文一，回答问题。

（1）圆形一般能代表什么样的角色形象？

（2）三角形一般能代表什么样的角色形象？

（3）方形一般能代表什么样的角色形象？

（4）根据课文内容填空。

　　动画里很多＿＿＿＿＿＿＿＿＿＿＿＿都是圆形的，坏人一般是＿＿＿＿＿＿＿的元素比较多，三角形一般用来表现＿＿＿＿＿＿＿，＿＿＿＿＿＿＿的角色一般用方形来表现。

2. 阅读课文二，回答问题。

（1）老师怎么评价赵文龙设计的人物原案？

（2）请查阅资料，说明什么是人物原案。

（3）请查阅资料，说明什么是背景设定。

（4）请查阅资料，说明什么是机械设定。

3. 请以圆形、方形或三角形中的一个为主，简单画出一个角色形象，并说明其性格特点。

☑ 补充词汇

1. 长方形　　chángfāngxíng；rectangle
2. 菱形　　　língxíng；rhombus
3. 椭圆形　　tuǒyuánxíng；oval
4. 四边形　　sìbiānxíng；quadrilateral
5. 几何图形　jǐhé túxíng；geometric figure
6. 外向　　　wàixiàng；extroversion
7. 内向　　　nèixiàng；introversion
8. 开朗　　　kāilǎng；optimistic
9. 大方　　　dàfang；decent, generous
10. 害羞　　　hàixiū；shy
11. 吝啬　　　lìnsè；mean, chintzy

12. 温柔　　wēnróu；gentle
13. 幽默　　yōumò；humorous

拓展阅读

　　《哪吒之魔童降世》是2019年7月**上映**的中国**国产**电影，**导演**是饺子。该电影上映5天**票房**就破10亿，得到观众的**一致**好评。电影中的哪吒**颠覆**了以往的**正义**形象，一出生就是一个调皮**捣蛋**的小魔王，但是他拥有一颗做英雄的心，不断向人们**证明**自己，最终赢得了所有人的**认可**。

1. 哪吒　　Nézhā；Nezha, the name of a mythological figure
2. 魔　　　mó；devil
3. 童　　　tóng；child
4. 降世　　jiàngshì；be born, come to earth
5. 上映　　shàngyìng；be on, release
6. 国产　　guóchǎn；domestic, made in a particular country
7. 导演　　dǎoyǎn；director
8. 票房　　piàofáng；box office
9. 一致　　yīzhì；consistent
10. 颠覆　　diānfù；overthrow
11. 正义　　zhèngyì；justice
12. 捣蛋　　dǎodàn；make trouble
13. 证明　　zhèngmíng；prove
14. 认可　　rènkě；accept

第二课　动画角色的创造

第三课　表演

📖 课文一　表演方式

杨老师：我们要根据动画**风格**来选择表演**方式**。

钱小丽：有哪些方式呢？周星驰的那种表演方式算吗？

杨老师：算，那属于**无厘头**表演。除此之外，还有**生活**化表演、**虚拟**化表演、**戏剧**化表演、**程式**化表演、**脸谱**化表演、**夸张**风格的表演和**微相**表演。

赵文龙：老师，什么是微相？

杨老师：**细微**的**动作**和**表情**。

风格	fēnggé；*n.* style	程式	chéngshì；*n.* formula
方式	fāngshì；*n.* way, pattern	脸谱	liǎnpǔ；*n.* facial makeup
无厘头	wúlítóu；*adj.* wulitou, whimsical (of behaviour, thinking, performance ...)	夸张	kuāzhāng；*adj.* exaggerated
		微相	wēixiàng；*n.* microphysiognomy
生活	shēnghuó；*n.* life	细微	xìwēi；*adj.* subtle
虚拟	xūnǐ；*adj.* virtual	动作	dòngzuò；*n.* action
戏剧	xìjù；*n.* drama	表情	biǎoqíng；*n.* expression

注释

名词、动词＋化

充当定语，用于表示方式、类属、文体、行业等，如汉化、西化、气化、液化、商业化、自动化等。

练一练

1. 用所给汉字完成词语。

| 生 | 式 | 细 | 张 | 情 | 虚 | 格 | 微 | 程 | 厘 | 作 | 剧 | 谱 |

（　）微　　　表（　）　　　夸（　）　　　（　）相　　　风（　）

无（　）头　　脸（　）　　　方（　）　　　（　）式　　　（　）活

动（　）　　　（　）拟　　　戏（　）

2. 选择合适的词语完成句子。

A.风格　B.方式　C.无厘头　D.生活　E.虚拟　F.戏剧
G.程式　H.脸谱　I.夸张　J.微相　K.细微　L.动作　M.表情

（1）奶奶八十多岁了，听力仍然很好，连（　　）的声音也能听见。
（2）京剧（　　）的色彩非常丰富，不同颜色代表不同性格。
（3）这个故事是（　　）的。
（4）我很喜欢周星驰的电影，非常（　　）。
（5）我喜欢这种装修（　　），很温馨。
（6）从他们的（　　）中我看出了事情的严重性。
（7）（　　）有苦有乐，但不管苦乐，我们都要保持乐观的心态。

（8）一般来说，动画电影要用比真人电影更（　　　）的（　　　）来进行创作。

（9）（　　　）化表演是演员在舞台上的一些固定系列行动的表演方式。

（10）（　　　）就是细微的动作和表情。

（11）晚会上，艺术家表演了几个（　　　）片段。

（12）她学着妈妈的（　　　）洗衣服。

课文二　表演的重要性

钱小丽：老师，创作之前可以请专业的演员来进行表演吗？

杨老师：我们可以请专业的演员来表演，也可以**模拟**需要的场景或**情节**，自己进行表演。

钱小丽：**优秀**的动画师也要是优秀的演员。

杨老师：可以这样说，你们也要多观察生活，多**体验**生活。注意**形象素材**的积累，如大家走路的**姿势**，做事的表情等有什么不一样。

钱小丽：好的。

杨老师：通过表演或者观察，才能在创作过程中更好地**抓**住这些**细节**，表达角色的**性格**。

模拟	mónǐ；*v.* imitate	积累	jīlěi；*v.* accumulate
情节	qíngjié；*n.* plot	姿势	zīshì；*n.* posture
优秀	yōuxiù；*adj.* excellent	抓	zhuā；*v.* grasp
体验	tǐyàn；*v.* experience	细节	xìjié；*n.* detail
形象	xíngxiàng；*n.* figure	性格	xìnggé；*n.* character
素材	sùcái；*n.* material		

第三课　表演

练一练

1. 用所给汉字完成词语。

   | 优 细 拟 累 节 象 姿 格 素 体 |

   （　）节　　（　）势　　（　）验　　模（　）　　情（　）

   （　）秀　　形（　）　　积（　）　　（　）材　　性（　）

2. 选择合适的词语完成句子。

   | A.细节　B.模拟　C.优秀　D.情节　E.抓　F.性格
   G.姿势　H.体验　I.形象　J.素材　K.积累 |

   （1）戏剧常常用对话来体现一个人的（　　　）。

   （2）作家要经常（　　　）生活，才能写出好作品。

   （3）他是一位（　　　）的大学生。

   （4）（　　　）非常重要，很小的事情却可能有决定性的作用，所以一定要（　　　）住细节。

   （5）动画师有时候要（　　　）需要的（　　　），自己进行表演。

   （6）为了写一本新书，他收集了很多（　　　）。

   （7）爷爷在长期的教学中（　　　）了丰富的经验。

   （8）看书（　　　）不对会损害视力。

   （9）这部动画片中哪吒的（　　　）很特别。

✎ 练习

1. 阅读课文一，回答问题。

（1）表演方式有哪几种？

（2）什么是微相？

（3）根据课文内容填空。

　　我们要根据_____来选择表演方式，表演有_____、_____、_____、_____、_____、_____、_____、_____八种方式。

2. 阅读课文二，回答问题。

（1）创作时，必须请专业的演员来进行表演吗？

（2）除了请专业演员，还可以怎么办？

（3）根据课文内容填空。

　　创作动画时，动画师可以请专业的演员，也可以_____，自己进行表演。要多_____，注意_____，这样才能在创作过程中更好地_____，表达角色的性格。

3. 请两人一组，互相表演出自己最喜欢的动画角色的经典表情或动作，然后简单画出来。

☑ 补充词汇

1. 共鸣　gòngmíng；resonance
2. 动机　dòngjī；motivation
3. 激动　jīdòng；excited
4. 悲伤　bēishāng；sorrow
5. 沮丧　jǔsàng；depressed

🖱 拓展阅读

  《**哪吒闹海**》是由上海美术电影制片厂制作于20世纪70年代**末**的动画电影，取材于**明代**小说《**封神演义**》《西游记》等书中**记载**的哪吒闹海的神话故事。电影中的哪吒天真勇敢，深受人们的喜爱，看到**百姓**被龙王三**太子残害**而大闹龙宫，为百姓**报仇**。该电影被**誉**为"色彩鲜艳、风格**雅致**、想象丰富"的作品，深受国内外好评，至今仍被称为**经典**。

1. 《哪吒闹海》　《Nézhā Nào Hǎi》；*Nezha Conquers the Dragon King*
2. 末　　　　　 mò；end, last
3. 明代　　　　 míngdài；the Ming Dynasty
4. 《封神演义》　《Fēngshén Yǎnyì》；*the Legend of Deification*
5. 记载　　　　 jìzǎi；record
6. 百姓　　　　 bǎixìng；common people
7. 太子　　　　 tàizǐ；crown prince
8. 残害　　　　 cánhài；slaughter, harm
9. 报仇　　　　 bàochóu；avenge
10. 誉　　　　　yù；praise
11. 雅致　　　　yǎzhì；elegant
12. 经典　　　　jīngdiǎn；classic

第四课　色彩

📖 课文一　色彩的三大属性

钱小丽：老师，如何能更好地运用色彩呀？

杨老师：运用色彩，首先需要知道色彩的三大属性是什么。

钱小丽：我只知道**明度**。

杨老师：对，明度就是颜色的**深**、**浅**。

钱小丽：除了明度，还有哪两个属性呢？

杨老师：还有**纯度**和**色相**。纯度高的颜色比较**鲜艳**，纯度低的就比较**灰暗**。色相就是色彩的**样貌**。我们用这三个属性来**调和**色彩。

属性　shǔxìng；*n.* nature, attribute
明度　míngdù；*n.* brightness
深　　shēn；*adj.* deep, dark
浅　　qiǎn；*adj.* light, shallow
纯度　chúndù；*n.* purity
色相　sèxiàng；*n.* hue

鲜艳　xiānyàn；*adj.* bright-colored
灰暗　huī'àn；*adj.* gloomy
样貌　yàngmào；*n.* appearance
调和　tiáohé；*v.* blend, mix

注释

如何

　　代词，意思是怎么，怎么样。

　　例句：如何学好中文？

练一练

1. 用所给汉字完成词语。

| 明 | 色 | 灰 | 貌 | 鲜 | 性 | 调 | 纯 |

（　）度　　　（　）度　　　样（　）　　　属（　）

（　）和　　　（　）艳　　　（　）暗　　　（　）相

2. 选择合适的词语完成句子。

A.深　B.浅　C.明度　D.属性　E.灰暗
F.调和　G.样貌　H.鲜艳　I.纯度　J.色相

（1）色彩的三大（　　）是（　　）、（　　）和（　　）。

（2）色彩的明度是指颜色的（　　）和（　　）。

（3）纯度高的颜色比较（　　），相反，纯度低的颜色比较（　　）。

（4）色相就是指颜色的（　　）。

（5）我们用这三个属性来（　　）色彩。

课文二 色指定

杨老师：你的色彩设定做好了吗？色彩**基调**是什么？

钱小丽：色彩基调是绿色。老师，什么是色彩设定？

杨老师：就是**色指定**，根据你的色彩设定来**标注**动画上的具体的颜色，确定在**赛璐珞片上色**时需要的**阴影**、**层次**色等。

钱小丽：明白了，谢谢老师。

杨老师：最后记得检查**着色**是否按照色指定的要求完成。

基调	jīdiào；*n.* keynote	上色	shàngsè；*v.* color (a picture)
色指定	sèzhǐdìng；*n.* color setting	阴影	yīnyǐng；*n.* shadow
标注	biāozhù；*v.* mark, label	层次	céngcì；*n.* level, gradation
赛璐珞片	sàilùluòpiàn；*n.* celluloid	着色	zhuósè；*v.* color (a picture)

注释

是否

否：不是。是否：是不是，常用于书面语。

例句：是否需要考HSK（中国汉语水平考试）5级？

练一练

1. 用所给汉字完成词语。

| 色　指　片　上　调　注　阴　次 |

着（　）　　基（　）　　（　）影　　标（　）

色（　）定　（　）色　　层（　）　　赛璐珞（　）

2. 选择合适的词语完成句子。

| A.色指定　B.基调　C.标注　D.上色　E.阴影　F.层次 |

（1）画一个场景，首先要确定这个场景颜色的（　）。

（2）越来越多的人接受高（　）教育。

（3）我喜欢用唇刷给嘴唇（　）。

（4）面对光明，（　）就在身后。

（5）错误都被老师用红色的笔（　）出来了。

（6）（　）又叫色彩指定。

✎ 练习

1. 阅读课文一,回答问题。

(1) 色彩的三大属性是什么?

(2) 色彩的三大属性可以用来做什么?

(3) 根据课文内容填空。

色彩的三大_____是_____、_____和_____。_____是颜色的深和浅;色相是_____;纯度指颜色是_____还是_____。我们用色彩的这三个属性来_____色彩。

2. 阅读课文二,回答问题。

(1) 什么是色指定?

(2) 上色又叫什么?

(3) 根据课文内容填空。

色指定就是根据你的_____来标注动画上的具体的颜色,确定在_____上色时需要的_____等。

3. 请找出你最喜欢的色彩，再说一说它的三大属性分别是什么。

4. 请用色彩的三大属性分析这幅图里面的色彩。

☑ 补充词汇

二十二种中国传统色

鹅黄	群青	松花绿	嫣红	藕荷色	石绿	蔚蓝	棠棃褐	碧落	烟霞赤	黄白游
石蜜	青冥	盈盈	紫蒲	粉米	法翠	星郎	枪丹	碧城	苑苑	扶光

第四课　色彩

031

🖱 拓展阅读

《非人哉》最初是一本漫画，后制作成动画片。这部动画片的作者**脑洞大开**，以中国古代传统神话故事中的神仙和**妖怪**为主角，讲述他们在现代的日常生活，如哪吒进入学校读书，**妲己**的孙女变成**上班族**，玉兔变成了**月宫**中的大老板。

这部动画片获得第 14 届**中国动漫金龙奖**最**佳剧情**漫画**银奖**，深受观众的喜欢。

1. 脑洞大开　　　nǎodòng-dàkāi；kindling a headcanon
2. 妖怪　　　　　yāoguài；monster
3. 妲己　　　　　Dájǐ；Su Daji（the concubine of King Zhou who was the last ruler of the Shang Dynasty）
4. 上班族　　　　shàngbānzú；office worker
5. 月宫　　　　　yuègōng；the palace of the moon
6. 中国动漫金龙奖　Zhōngguó dòngmàn jīnlóng jiǎng；China Animation & Comic Competition Gold Dragon Award (CACC)
7. 佳　　　　　　jiā；good
8. 剧情　　　　　jùqíng；plot
9. 银奖　　　　　yínjiǎng；silver award

第五课　镜头

📖 课文一　镜头的分类

杨老师：今天我们来讲**镜头**的分类。

赵文龙：我知道，镜头可以分为**长焦镜头**和**短焦镜头**。

杨老师：对，这是镜头的物理分类，做**分镜**设计的时候，我们也会说到镜头。

钱小丽：是视听语言里的吗？

杨老师：对，就是**特写、近景、中景、全景**和**远景**。

镜头	jìngtóu ;	n. lens
长焦镜头	chángjiāo-jìngtóu ;	n. telephoto lens
短焦镜头	duǎnjiāo-jìngtóu ;	n. short focus lens
分镜	fēnjìng ;	n. storyboard
特写	tèxiě ;	n. close-up
近景	jìnjǐng ;	n. close shot
中景	zhōngjǐng ;	n. medium shot
全景	quánjǐng ;	n. full shot
远景	yuǎnjǐng ;	n. long shot

033

练一练

1. 用所给汉字完成词语。

远 近 中 全 长 短 镜 写

特（　）　　（　）焦　　（　）焦　　分（　）

（　）景　　（　）景　　（　）景　　（　）景

2. 选择合适的词语完成句子。

| A. 远景　B. 全景　C. 中景　D. 近景 |
| E. 特写　F. 分镜　G. 长焦　H. 短焦 |

（1）镜头分为（　　）镜头和（　　）镜头，这是镜头的物理属性。

（2）在视听语言里，镜头可以分为（　　）、（　　）、（　　）、（　　）和（　　）。

（3）（　　）又叫故事板。

课文二　镜头的轴向

杨老师：怎么这个人一会儿向左走，一会儿向右走？你是不是换了一下镜头的方向？

赵文龙：是换了镜头的方向，但是这个人一直是往一个方向走的啊。

杨老师：镜头的**轴向**变了。要注意，角色运动方向的这条线，叫**轴线**，镜头的轴向就是轴线的一边，180**度**的范围。轴向不能变，否则就是**越轴**，没处理好就会让**观众**感到**混乱**。

赵文龙：如果我想换一个方向来拍摄呢？

杨老师：那可以使用 Z 轴线的镜头，即**纵深**的镜头，通过这个镜头，**告知**观众我们的镜头方向将会变化。

轴向	zhóuxiàng；*n.* axial direction	混乱	hùnluàn；*adj.* confused
轴线	zhóuxiàn；*n.* axis	拍摄	pāishè；*v.* shoot
度	dù；*n.* degree of an angle	纵深	zòngshēn；*n.* depth
越轴	yuèzhóu；*v.* cross the axis	告知	gàozhī；*v.* inform
观众	guānzhòng；*n.* audience		

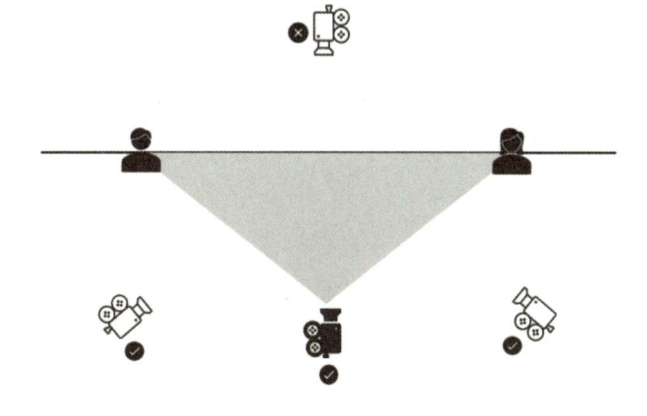

注释

否则

如果不这样，不然。

例句：你要认真学习，否则考不过HSK（中国汉语水平考试）5级。

练一练

1. 用所给汉字完成词语。

告　拍　向　观　轴　深　乱　轴

（　）众　　　纵（　）　　　（　）线　　　轴（　）

（　）知　　　（　）摄　　　越（　）　　　混（　）

2. 选择合适的词语完成句子。

A.轴向　B.轴线　C.度　D.拍摄　E.纵深
F.告知　G.观众　H.越轴　I.混乱

（1）（　　）在认真地看着她的表演。

（2）角色运动方向的那条线，叫（　　）。

（3）这部电影是根据一个真实故事（　　）的。

（4）会议在（　　）中结束。

（5）Z轴线的镜头，也就是（　　）的镜头。

（6）天天（　　）自己一次：我真的很不错。

（7）轴向不能变，否则就是（　　）。

（8）这个角刚好90（　　）。

（9）镜头的（　　）就是轴线的一边。

✎ 练习

1. 阅读课文一，回答问题。

（1）镜头可以怎么分类？

（2）在视听语言里，镜头可以分为几类？

（3）根据课文内容填空。

　　镜头的分类可以从两方面来看。第一个方面是镜头的_____可以分为_____和_____。做_____的时候，也会说到镜头，也就是视听语言里面的_____、_____、_____、_____和_____。

2. 阅读课文二，回答问题。

（1）什么是轴线？

（2）什么是轴向？

（3）根据课文内容填空。

　　角色运动方向的这条线，叫_____，镜头的_____就是轴线的一边，_____的范围。轴向不能_____。如果想换一个方向来拍摄，可以使用_____，即_____的镜头，通过这个镜头，告知观众我们的_____将会变化。

3. 连线。

特写	jìnjǐng	medium
近景	quánjǐng	long shot
中景	zhōngjǐng	full shot
全景	yuǎnjǐng	close-up
远景	tèxiě	close shot

4. 请说一说不同的镜头可以分别用来拍摄什么。

☑ 补充词汇

1. 合理越轴　hélǐ yuèzhóu；cross the axis reasonably
2. 机位　jīwèi；camera position
3. 中性镜头　zhōngxìng jìngtóu；neutral lens
4. 过渡　guòdù；transition
5. 移动　yídòng；move
6. 方向轴线　fāngxiàng zhóuxiàn；direction axis
7. 运动轴线　yùndòng zhóuxiàn；movement axis
8. 关系轴线　guānxì zhóuxiàn；relation axis

拓展阅读

《刺客伍六七》是一部**原创**网络动画。**主人公**名叫伍六七,平时看起来是一名理发师,但实际是一名刺客。他**偶然**失去了以前的**记忆**,在寻找记忆的过程中,遇到了各种各样的人,发生了很多有趣的故事,也经历了很多事,失去的记忆也慢慢**浮出水面**。

1. 刺客　　　cìkè;assassin
2. 原创　　　yuánchuàng;original
3. 主人公　　zhǔréngōng;leading character
4. 偶然　　　ǒurán;by accident
5. 记忆　　　jìyì;memory
6. 浮出水面　fúchū shuǐmiàn;emerge from the water

第六课　景别

📖 课文一　什么是景别

赵文龙：老师，今天我听一个中国同学说**景别**，但我不知道是什么。

杨老师：其实以前我们学过，景别是**摄像**机与被摄**对象**之间的远近距离、使用的镜头**焦距**的长短不同**造成**镜头画面中形象大小的变化。

赵文龙：就是之前我们学习过的远景、全景、中景、近景和特写吗？

杨老师：对，就是之前我们学过的镜头的分类。

赵文龙：我还不是很清楚每一个景别应该怎么使用。

杨老师：远景一般用**鸟瞰**镜头，视距比较远，视觉信息多，**气势**较大；全景一般说明人物与环境之间的关系；中景用来表现表演的场景，**关注**演员的动作、表情，或者关注道具、人物之间的关系等；近景一般用来展示上半身运动，展示出人物的性格和**气质**；特写用来表现人物的**内心**、情感、细微动作等，但是展示的信息少，**持续**的时间不应该太长。景别越大，环境**因素**就越多；景别越小，那强调的因素就越多。

景别	jǐngbié ; *n.* shooting scale	视距	shìjù ; *n.* range of visibility
摄像机	shèxiàngjī ; *n.* video camera	气势	qìshì ; *n.* momentum
对象	duìxiàng ; *n.* object	关注	guānzhù ; *v.* pay close attention to
焦距	jiāojù ; *n.* focal length	气质	qìzhì ; *n.* temperament
造成	zàochéng ; *v.* to cause	内心	nèixīn ; *n.* heart, soul
鸟瞰	niǎokàn ; *n.* / *v.* a bird's-eye view, to look down from a high position	持续	chíxù ; *adj.* persistent
		因素	yīnsù ; *n.* factor, element
		强调	qiángdiào ; *v.* emphasize

练一练

1. 用所给汉字完成词语。

因　距　机　调　象　气　景　造

对（　）　　（　）素　　（　）别　　焦（　）

（　）成　　强（　）　　摄像（　）　　（　）势

鸟　续　距　质　内　注

（　）瞰　　（　）心　　持（　）

视（　）　　气（　）　　关（　）

2. 选择合适的词语完成句子。

A. 景别　B. 摄像机　C. 对象　D. 焦距　E. 造成　F. 鸟瞰

（1）照相时，（　　）没对准会（　　）影像的模糊。

（2）（　　）有五种，就是远景、全景、中景、近景和特写。

（3）他的古怪使他成为他们取笑的（　　）。

（4）她去公园坐了摩天轮，能（　　）城市里大部分景色。

（5）（　　）以每秒60幅的速率连续拍摄。

A. 因素　B. 关注　C. 气质　D. 内心　E. 强调　F. 持续

（1）这种奇怪的景象引起了人们的（　　）。
（2）老师一直给我们（　　）学习的重要性。
（3）自信是取得胜利的关键（　　）。
（4）他从相貌到（　　）都很出众。
（5）这次的会议将（　　）一个星期。
（6）听到这个消息，她（　　）充满了喜悦。

📖 课文二 使用景别的依据

杨老师：今天我们来讨论使用不同景别时大家要注意的**事项**。

赵文龙：我觉得要真实，根据真实**情境**来设计，如镜头模拟的是一个人站在山顶上向下看的视角，那就只能使用远景景别。

杨老师：非常好，其实就是要**依据**视觉距离。

赵文龙：如果拍摄一个较小空间内的场景，那只能用近景或特写。

杨老师：对，这是依据空间距离。

赵文龙：还有根据故事情节的发展进行景别转换，如果一个人面向镜头骑车，那景别就是"远景—全景—近景"。

杨老师：这是依据**叙事视点**。还有吗？

赵文龙：不知道了。

杨老师：还要依据视觉**心理**，不同的景别会带来不同的心理体验。一般是远景到近景的**转换**，但也有特别的，会**突破**这种**常规**的组接方式，可能是**两级景别**的**跳转**，这样颇具冲击性，也会给观众带来强烈的**观感**和心理**落差**。

事项	shìxiàng；*n.* item		突破	tūpò；*v.* break through
情境	qíngjìng；*n.* situation		常规	chángguī；*adj.* conventional
依据	yījù；*prep.* according to		两级	liǎngjí；*n.* two tiers
叙事	xùshì；*v.* narrate		跳转	tiàozhuǎn；*v.* skip
视点	shìdiǎn；*n.* point of sight		观感	guāngǎn；*n.* impression
心理	xīnlǐ；*n.* mentality, mind		落差	luòchā；*n.* drop
转换	zhuǎnhuàn；*v.* transform			

第六课 景别

练一练

1. 用所给汉字完成词语。

| 转 理 叙 境 点 事 依 |

（　）项　　　（　）事　　情（　）　　心（　）

视（　）　　　（　）据　　　（　）换

| 跳 观 规 级 落 破 |

（　）差　　　两（　）　　　常（　）

（　）转　　　（　）感　　　突（　）

2. 选择合适的词语完成句子。

| A.事项　B.情境　C.依据　D.心理　E.视点　F.落差 |

（1）记者（　　）：家具环保问题与食品安全问题一样重要。

（2）面对如此（　　），他只好做出这个决定。

（3）老师向参赛者说了比赛的注意（　　）。

（4）不以事实为（　　）的推测一般都是荒谬的。

（5）我已经做好了（　　）准备，你告诉我结果吧。

（6）（　　）就是对比中的差距或差异。

| A.转换　B.突破　C.常规　D.观感　E.跳转 |

（1）我们要不断挑战自己，（　　）自己。

（2）（　　）就是看到事物以后所产生的印象和感想。

（3）（　　）的意思是改变、改换。

（4）她准备去医院做一些（　　）检查。

（5）我的电脑可能中病毒了，网页一打开就会（　　）到广告页面。

✏ 练习

1. 阅读课文一，回答问题。

（1）什么是景别？

（2）根据课文内容填空。

　　远景一般用_____镜头，视距比较远，视觉信息多，_____较大；全景一般用来说明_____之间的关系；中景用来表现表演的场景，关注演员的_____，或者关注道具、人物之间的关系等；近景一般用来展示_____，展示出人物的_____；特写用来表现人物的_____等，但是展示的信息少，持续的时间不应该太长。景别越大，_____就越多；景别越小，那_____就越多。

2. 阅读课文二，回答问题。

（1）使用景别的依据有哪些？

（2）根据课文内容填空。

　　不同的景别会带来不同的_____。一般是_____的转换，但也有特别的，会_____这种常规的组接方式，可能是_____的跳转，这样颇具_____，也会给观众带来强烈的观感和心理落差。

3. 请找一个三分钟左右的动画片段，分析里面的景别使用情况。

☑ 补充词语

1. 景深　　　　jǐngshēn；DOF (depth of field)
2. 广角镜头　　guǎngjiǎo jìngtóu；wide-angle lens
3. 鱼眼镜头　　yúyǎn jìngtóu；fisheye lens
4. 伸缩镜头　　shēnsuō jìngtóu；zoom lens
5. 焦平面　　　jiāopíngmiàn；the focal plane
6. 毫米　　　　háomǐ；millimeter
7. 视野　　　　shìyě；field of vision
8. 银幕　　　　yínmù；silver screen
9. 荧屏　　　　yíngpíng；telescreen

🖱 拓展阅读

　　《罗小黑战记》是一部风格非常可爱的中国原创动画，主要在网络平台播放，每集只有5分钟。主角小黑是一只非常可爱的小黑猫，**原型**是制作人MTJJ养的一只小黑猫。动画讲述了主角小黑**受伤**后被罗小白**收养**的故事，非常有趣且**治愈**。同名大电影于2019年9月7日正式上映，讲述的是罗小黑以前的故事，票房**超**3亿元。

1. 平台　　píngtái；platform
2. 集　　　jí；episode
3. 原型　　yuánxíng；prototype

4. 受伤　　shòushāng；be injured

5. 收养　　shōuyǎng；adopt

6. 治愈　　zhìyù；healing

7. 超　　　chāo；surpass

8. 亿　　　yì；a hundred million

第七课　镜头的运动与组接

📖 课文一　镜头的运动

杨老师：这里，**推**镜头运动速度太快，要用**中速**。

孙可言：好的。

钱小丽：老师，镜头的运动方式有几种啊？

杨老师：有推镜头、拉镜头、移镜头、跟镜头、摇镜头和甩镜头。

孙可言：移镜头和推拉镜头有什么区别呢？

杨老师：它是**平行**移动，且它的**目标**不止一个，有时落幅处有目标，有时扫过的对象就是目标。

赵文龙：这些运动方式应该怎么选择呢？

杨老师：根据拍摄目标与想要的效果来选择，镜头运动也要选择合适的速度，是**快速**、**中速**还是**慢速**。如果表现快速运行的火车，就可以用快速移拍。

推镜头	tuī jìngtóu；*n.* push shot	甩镜头	shuǎi jìngtóu；*n.* swish pan
中速	zhōngsù；*adj.* medium-speed	平行	píngxíng；*adj.* parallel
拉镜头	lā jìngtóu；*n.* pull shot	目标	mùbiāo；*n.* target
移镜头	yí jìngtóu；*n.* dolly shot, tracking shot	落幅	luòfú；*n.* end frame
跟镜头	gēn jìngtóu；*n.* track-up shot	快速	kuàisù；*adj.* rapid
摇镜头	yáo jìngtóu；*n.* pan	慢速	mànsù；*adj.* slow

注释

不止

√ 动词，继续不停。

  例句：生命不息，运动不止。

√ 副词，表示超出某个数目或范围。

  例句：她看起来不止五十岁。

练一练

1. 用所给汉字完成词语。

| 甩 幅 慢 行 标 |

（　）速　　平（　）　　目（　）　　落（　）　　（　）镜头

2. 选择合适的词语完成句子。

> A. 推镜头　B. 拉镜头　C. 移镜头
> D. 跟镜头　E. 摇镜头　F. 甩镜头

（1）从拍摄目标身上后退离开，边后退边离开，这种拍摄方式是（　　）。

（2）（　　）的拍摄方式是平行移动。

（3）快速摇拍叫（　　）。

（4）摄像机原地转动，转圈拍摄的是（　　）。

（5）跟定一个目标对象，边走边拍的是（　　）。

（6）镜头对准目标，从远向近拍，边前进边拍摄，这种拍摄方式是（　　）。

> A. 快速　B. 中速　C. 慢速　D. 平行　E. 目标

（1）只要努力，你的（　　）一定能实现。

（2）紧张的时候，心脏会（　　）跳动。

（3）如果需要观众思考或理解，就需要用（　　）来拍摄。

（4）（　　）又叫常速。

（5）移镜头的拍摄方式是（　　）移动。

课文二　镜头组接

杨老师：这里就可以**切入**下一个镜头了。

赵文龙：切入？老师，我不太明白。

杨老师：上一个镜头结束，叫**切出**，或者**跳出**；下一个镜头开始，叫**切入**或者**跳入**。这是镜头**组接**最基本的方法。

赵文龙：哦，明白了，谢谢老师。

杨老师：之后我们还会学习两级镜头剪辑、**阶梯**式镜头剪辑、**闪回**镜头剪辑、**特技**镜头剪辑、**变格剪辑**等。

钱小丽：如果在组接镜头时，对某一个镜头不满意，怎么办？重新拍摄制作吗？

杨老师：是啊，所以在一开始制作时就要准备好**选用**镜头、**备用**镜头和**空镜头**等。

切入	qiērù；v. cut in		闪回	shǎnhuí；n. flashback
切出	qiēchū；v. cut out		特技	tèjì；n. stunt
跳出	tiàochū；v. cut out		变格剪辑	biàngé jiǎnjí；n. variable editing
跳入	tiàorù；v. cut in		选用	xuǎnyòng；v. select and use
组接	zǔjiē；v. edit		备用	bèiyòng；n. backup
阶梯	jiētī；n. staircase		空镜头	kōng jìngtóu；n. scenery shot

第七课　镜头的运动与组接

练一练

1. 用所给汉字完成词语。

备 组 闪 特 用 空 格 跳 入 梯 辑

（　）出　　　切（　）　　　（　）接　　　阶（　）

（　）回　　　（　）技　　　选（　）　　　剪（　）

变（　）　　　（　）用　　　（　）镜头

2. 选择合适的词语完成句子。

| A. 组接　B. 空镜头　C. 备用　D. 阶梯 |
| E. 特技　F. 剪辑　G. 选用 |

（1）书是人类进步的（　　）。

（2）（　　）就是选择并使用。

（3）（　　）又叫景物镜头。

（4）我花了十个小时（　　）这个视频。

（5）（　　）镜头时，要注意影片的连续性。

（6）这部电影用了很多（　　）。

（7）我们商量后决定采用方案A，方案B（　　）。

✎ 练习

1. 阅读课文一，回答问题。

（1）镜头的运动方式有几种？

（2）移镜头和推拉镜头有什么不同的地方？

（3）根据课文内容填空。

  我们应该根据_____来选择镜头运动的方式，选择方式的同时要选择合适的速度，是快速、_____还是_____。如果表现快速运行的火车，就可以用_____。

2. 阅读课文二，回答问题。

（1）镜头组接最基本的方法是什么？

（2）请查阅资料，说明什么是阶梯式镜头剪辑。

3. 请找一个一分钟左右的动画片段，说一说这个视频片段镜头的运动方式和组接的方式。

☑ 补充词汇

1. 三脚架　sānjiǎojià；tripod
2. 焦距　　jiāojù；focal length
3. 定焦　　dìngjiāo；fixed focus
4. 弱　　　ruò；weak
5. 清晰　　qīngxī；clearness

拓展阅读

　　《秦时明月》是中国原创3D动画片，**武侠**风格。故事从2 000多年前秦灭六国，建立中国第一个统一的中央集权的**帝国**开始，到秦国**灭亡**，讲述了主人公荆天明从**懵懂**少年成长为英雄的**励志**故事。

　　这部动画片被翻译成多种语言，在全球多个国家和地区**发行**，并获得国内外多项大奖。

1. 秦　　qín；Qin Dynasty
2. 武侠　wǔxiá；martial arts chivalry
3. 帝国　dìguó；empire
4. 灭亡　mièwáng；be destroyed
5. 懵懂　měngdǒng；ignorant
6. 励志　lìzhì；determine to fulfil one's aspirations，strive for success
7. 发行　fāxíng；distribute and release，publish

第八课　剪辑与合成

📖 课文一　剪辑

孙可言：老师，这段音效太长了，视频里只需要一小段，怎么办呢？

杨老师：**剪辑**一下就好了。你先在视频轨道里标记好**动作点**所在的帧，然后把音效拖入音频轨道，把**多余**的**内容**剪掉。

孙可言：好了，做完了。

杨老师：你再仔细检查一下有没有**漏**帧、**转场**特效有没有**错误**等，然后播放成片**测试**。

孙可言：检查完了。

杨老师：合成、剪辑、检查都完成以后，就可以**导出**了。选择 MP4 的**格式**，在**摘要**信息里写好**该**视频文件的信息，选好导出位置，方便之后查找。

剪辑	jiǎnjí；*v.* edit	错误	cuòwù；*n.* mistake
动作点	dòngzuòdiǎn；*n.* action point	测试	cèshì；*v.* test
多余	duōyú；*adj.* unnecessary	导出	dǎochū；*v.* export, derive
内容	nèiróng；*n.* content		
漏	lòu；*v.* leak	格式	géshì；*n.* format
转场	zhuǎnchǎng；*n.* scene change	摘要	zhāiyào；*n.* abstract
		该	gāi；*pron.* this

练一练

1. 用所给汉字完成词语。

   | 内 点 式 测 余 转 剪 导 误 摘 |

   （ ）出　　多（ ）　　动作（ ）　　错（ ）　　格（ ）
   （ ）试　　（ ）容　　（ ）辑　　（ ）场　　（ ）要

2. 选择合适的词语完成句子。

   | A. 剪辑　B. 动作点　C. 多余　D. 漏　E. 转场　F. 错误 |
   | G. 测试　H. 导出　I. 格式　J. 该　K. 摘要　L. 内容 |

   （1）将音效和视频合成以后，就可以（　　）了。
   （2）把这个电影的片头和结尾（　　）出来。
   （3）这个视频的（　　）是MP4。
   （4）"正确"的反义词是（　　）。
   （5）你的杯子（　　）水了。
   （6）论文的开头必须有（　　），告诉大家这篇论文的主要（　　）是什么。
   （7）这个片段有点（　　），可以不要。
   （8）大家要找出（　　），然后设置关键帧。
   （9）（　　）就是场景与场景之间的转换。
   （10）（　　）短片是奥斯卡最佳动画短片。
   （11）大家再播放一下这个视频，（　　）一下有没有问题。

📖 课文二　合成

杨老师：今天这节课，我们来说一下怎么把视频和音效**合成**在一起。

钱小丽：用哪个**软件**呢？

杨老师：Premiere，**桌面**上都有，大家**双击**打开。

赵文龙：打开了。

杨老师：好，大家把要用的音频、视频文件导入软件，然后先把视频文件**拖入**右边的视频**轨道**，找出要**插入**音效的**帧**，做好**标记**，再把对应的音效文件也拖入音频轨道，放在标记好的位置。

赵文龙：老师，我弄好了，我还给视频加了背景音乐。

杨老师：不错，但是可以找出视频开头、**结尾**的**关键帧**，然后设置音乐的**淡入**、**淡出**特效，这样合成效果会更好。

合成	héchéng；v. compound		帧	zhēn；n. frame
软件	ruǎnjiàn；n. software		标记	biāojì；v. label, mark
桌面	zhuōmiàn；n. desktop		结尾	jiéwěi；n. ending
双击	shuāngjī；v. double click		关键帧	guānjiàn zhēn；n. keyframe
拖入	tuōrù；v. drag in		淡入	dànrù；v. fade in
轨道	guǐdào；n. rail, track		淡出	dànchū；v. fade out
插入	chārù；v. insert			

第八课　剪辑与合成

057

练一练

1. 用所给汉字完成词语。

| 入 插 合 帧 件 击 面 记 尾 轨 |

关键（　） 结（　） 标（　） （　）入 （　）道

拖（　） 双（　） 桌（　） 软（　） （　）成

2. 选择合适的词语完成句子。

| A. 合成　B. 软件　C. 桌面　D. 双击　E. 拖入　F. 轨道　G. 帧
H. 插入　I. 标记　J. 结尾　K. 关键帧　L. 淡出　M. 淡入 |

（1）（　　）才可以打开腾讯会议，单击不行。

（2）在这里做一个（　　），一会儿改的时候就知道在哪里了。

（3）我的手机上一共有五个拍照的（　　）。

（4）今天要学习：怎么把音乐和视频（　　）在一起。

（5）这篇文章的开头写得很好，但是（　　）有点奇怪，最好改一下。

（6）打开电脑（　　）上的 Premiere 软件。

（7）首先，大家要（　　）图片，然后把图片（　　）右边的视频（　　）中去。

（8）视频开始，音乐要（　　）；视频要结束的时候，音乐要（　　）。

（9）每秒钟（　　）的数量越多，动作就越流畅。

（10）表示关键状态的帧叫作（　　）。

练习

1. 阅读课文一，回答问题。

（1）导出剪辑好的视频，最后一步是什么？

（2）为什么在导出视频时，要在摘要信息里写好视频文件的信息？

（3）根据课文内容填空。

　　视频剪辑完成以后，检查一下有没有_____、_____有没有错误等，然后播放_____，如果没有问题，就可以_____了。选择MP4的_____，在_____里写好视频文件的信息，选好导出位置，方便之后查找。

2. 阅读课文二，回答问题。

（1）杨老师给大家介绍了什么软件？

（2）杨老师说，合成视频应该怎么做？

（3）根据课文内容填空。

　　要合成一个视频，首先需要打开 Premiere 这个_____，把要用的音频、视频文件_____软件，然后先把视频文件_____右边的视频_____，找出要插入音效的_____，做好_____，再把对应的音效文件也拖入音频轨道，放在标记好的位置。

3. 选择一部你喜欢的动画，剪辑成两分钟左右的简介视频。

☑ 补充词汇

1. 时间线　shíjiānxiàn ; timeline
2. 切换　　qiēhuàn ; switchover
3. 预览　　yùlǎn ; preview
4. 快放　　kuàifàng ; speed up
5. 抠像　　kōuxiàng ; image matting
6. 蒙板　　méngbǎn ; mask

🖱 拓展阅读

　　《白蛇：缘起》是2019年年初上映的国产动画电影。该电影在大众所**熟知**的《白蛇传》的基础上进行了不小的改编，讲述了千年**蛇妖白素贞**500年前失去记忆，遇到了许仙的**前世**，两人为了找回记忆，踏上了冒险之路，在冒险途中，两人的感情迅速升温，但等待他们的，还有一个巨大的**考验**。

1. 熟知　　　shúzhī ; know very well
2. 《白蛇传》《Báishé Zhuàn》; *Legend of the White Snake*
3. 蛇妖　　　shéyāo ; snake monster
4. 白素贞　　Bái Sùzhēn ; Bai Suzhen, a name
5. 前世　　　qiánshì ; previous life
6. 考验　　　kǎoyàn ; ordeal, test

第九课　配音与特效

📖 课文一　配音

动画师：导演，**对白**的**录音****录制**完了吗？

导　演：现在**配音**演员正在录制，录完就给你。**旁白**的录音需要吗？

动画师：旁白不需要，我只需要角色的对白。因为我需要根据对白的录音进行创作，这样能根据配音演员的**语速**、**语气**等，更好地抓住角色的**情绪**，**掌握**好动画的节奏，更好地塑造出角色的形象。

导　演：了解，我们现在也在加紧**配乐**和制作**音效**。有了合适的配乐和音效，才能增强剧情的感染力，做出想要的效果。

对白	duìbái；*n.* dialogue	语气	yǔqì；*n.* tone of speaking
录制	lùzhì；*v.* record	情绪	qíngxù；*n.* mood
配音	pèiyīn；*v.* dub	掌握	zhǎngwò；*v.* master
旁白	pángbái；*n.* voice-over, narration	配乐	pèiyuè；*v.* dub in background music
语速	yǔsù；*n.* speaking speed	音效	yīnxiào；*n.* sound effect

061

练一练

1. 用所给汉字完成词语。

音 制 对 白 情 气 语 掌 效 配

（　）握　　录（　）　　（　）绪　　配（　）　　语（　）

（　）速　　（　）白　　音（　）　　（　）乐　　旁（　）

2. 选择合适的词语完成句子。

| A. 配音　B. 录制　C. 语速　D. 语气　E. 情绪　F. 掌握 |
G. 对白　H. 旁白　I. 音效　J. 配乐

（1）老师，您的（　　）太快了，我没听懂。

（2）今天的学习内容不多也不难，我都（　　）了。

（3）我们要学会控制自己的（　　），不能乱发脾气。

（4）配音时，要注意在不同的情绪下，角色的（　　）是不一样的。

（5）你的作业视频（　　）完了吗？

（6）（　　）也是动画制作中非常重要的一个部分。

（7）我准备自己录制（　　），但是（　　）不行，需要找两位配音演员帮忙录制。

（8）这部电影的（　　）很棒，很多声音都非常真实。

（9）为这部电影（　　）的是一位著名作曲家。

📖 课文二　特效

钱小丽：这部电影的**特效**太棒了！

孙可言：对啊，现在特效在动画制作中也是一个非常重要的部分，我们也会学习。

钱小丽：太好了，我很想学。我之前听老师说过，特效有**大气特效**、**流体特效**、**光效**和**动效**。

孙可言：这些都是**视觉特效**，也就是视效，除了这个，还有音效。

钱小丽：哇，真想快点学习如何制作特效。

特效	tèxiào；*n.* special effect	动效	dòngxiào；*n.* dynamic effect
大气特效	dàqì tèxiào；*n.* atmospheric special effect	视觉特效	shìjué tèxiào；*n.* visual effect
流体特效	liútǐ tèxiào；*n.* fluid effect		
光效	guāngxiào；*n.* lighting effect		

第九课　配音与特效

练一练

1. 用所给汉字完成词语。

光　效　觉　流　气

   视（　）特效　　　　大（　）特效　　　　（　）体特效

   （　）效　　　　　　动（　）

2. 选择合适的词语完成句子。

A. 特效　B. 大气特效　C. 流体特效 D. 光效　E. 动效　F. 视觉特效

   （1）我最喜欢的电影是《钢铁侠》，里面有很多很棒的（　　）。

   （2）（　）包括了大气特效、流体特效、光效和（　　）。

   （3）（　）是视觉效果的一种，如电影中各种闪烁的特技等与光有关的特效。

   （4）喷泉的效果可以用（　　）来表现。

   （5）大雨的效果可以用（　　）来表现。

练习

1. 阅读课文一，回答问题。

   （1）动画师找导演要什么？

   （2）动画师认为先做动画再配音好，还是先配音再做动画好，为什么？

（3）根据课文内容填空。

动画师根据_____，认为先_____然后_____更好，因为动画师可以根据配音进行创作，根据配音演员的_____、_____等，更好地_____，掌握好动画的节奏。

2. 阅读课文二，回答问题。

（1）课文中一共说了几种特效？

（2）请简单说一下这几种特效可以用在什么地方。

（3）根据课文内容填空。

_____在动画制作中也是一个非常重要的部分，可以分为_____和视效。_____又可以分为_____、_____、_____和_____。

3. 请找一段视频，尝试自己配音并合成。

☑ 补充词汇

1. 音轨　　yīnguǐ；audio track
2. 音频　　yīnpín；voice frequency
3. 默剧　　mòjù；dumb show
4. 起音　　qǐyīn；attack
5. 衰减　　shuāijiǎn；attenuation，damping
6. 口型　　kǒuxíng；the shape of a mouth when a person is speaking or pronouncing a certain sound

拓展阅读

《黑猫**警长**》是上海美术电影制片厂于1983—1987年根据**诸志祥**的小说改编出品的5集系列动画片，是国内原创经典动画片之一。它讲述了聪明、勇敢的黑猫警长**带领**警察抓坏人，让森林里的动物们得以过上平安、幸福的生活的故事。《黑猫警长》虽然只有5集，但是每一集都制作**精良**，是不少人喜欢的**儿时**动画片之一。

1. 警长　　jǐngzhǎng；sheriff
2. 诸志祥　Zhū Zhìxiáng；Zhu Zhixiang, a writer
3. 带领　　dàilǐng；lead
4. 精良　　jīngliáng；superior, of the best quality
5. 儿时　　érshí；childhood

第十课　剧本

📖 课文一　动画剧本

杨老师：你的毕业作品有思路了吗？

钱小丽：我最近看了一本小说，觉得它的故事很有**创意**，人物**塑**造得非常好，所以想把它的一个片段做成动画短片。

杨老师：那现在可以开始准备了，因为还需要时间把那个片段**改编**成动画剧本。

钱小丽：还要改编啊？不能直接用吗？

杨老师：当然不行！剧本中的文字就是即将被拍成画面和声音的视听语言的内容，和小说的文字不一样。而且剧本是一剧之本，好的、规范的剧本可以让动画制作事半功倍！导演要用剧本制作**分镜头剧本**，指导制作组的工作，配音演员也需要根据剧本中的**台词**来配音。

钱小丽：哦，我请一位编剧帮我改编吧。

小说	xiǎoshuō ; *n.* novel	剧本	jùběn ; *n.* script
创意	chuàngyì ; *n.* creativity	规范	guīfàn ; *adj.* standard
塑造	sùzào ; *v.* mould	分镜头剧本	fēnjìngtóu jùběn ; *n.* shooting script
片段	piànduàn ; *n.* fragment		
短片	duǎnpiàn ; *n.* short film	台词	táicí ; *n.* line
改编	gǎibiān ; *v.* adapt	编剧	biānjù ; *n.* scriptwriter

注释

事半功倍

成语，意思是花一半的力气，收到成倍的效果。反义词为事倍功半。

例句：用这种方式学习，一定事半功倍。

练一练

1. 用所给汉字完成词语。

   范 本 编 剧 说 意 短 造 段 台

   改（ ）　编（ ）　创（ ）　（ ）词　塑（ ）

   规（ ）　剧（ ）　片（ ）　（ ）片　小（ ）

2. 选择合适的词语完成句子。

   A. 剧本　B. 小说　C. 创意　D. 塑造　E. 片段　F. 短片
   G. 改编　H. 规范　I. 分镜头剧本　J. 台词　K. 编剧

（1）这位编剧觉得这本小说很好，想把它（　　）成电影（　　）。

（2）中国有四本有名的（　　），即《西游记》《红楼梦》《水浒传》《三国演义》。

（3）他是一位有名的（　　）。

（4）我非常喜欢《功夫熊猫》里面他们比武的（　　）。

（5）这个短片用包子来模拟妈妈的孩子，太有（　　）了。

（6）我（　　）的是一个调皮但是善良的角色。

（7）《阿甘正传》里有一句经典（　　）：生活就像一盒巧克力，你永远不知道下一块会是哪种。

（8）（　　）是导演拍摄影片需要用的工作剧本。

（9）今天的作业是做一个三分钟的（　　）。

（10）这个字写得不（　　），需要重新写。

课文二　剧本写作

李明明：你的剧本不错，很有创意。

赵文龙：谢谢，这个剧本我写了两年，但是是更早以前就有这个构思了。

李明明：写了这么久啊？

赵文龙：是的，在**写作**过程中，我一直在**修改**，故事的**主题**、**结构**，写作的格式，**悬念**的**设置**，包括**故事大纲**也修改了很多次。

李明明：剧本写作真不是一件容易的事情啊！

赵文龙：是的，写出好的剧本更不容易，必须是**独特**的、**引人入胜**的。

写作	xiězuò ; *v.* write	设置	shèzhì ; *v.* set
修改	xiūgǎi ; *v.* amend, modify	故事大纲	gùshì dàgāng ; *n.* story outline
主题	zhǔtí ; *n.* theme, subject	独特	dútè ; *adj.* unique
结构	jiégòu ; *n.* structure	引人入胜	yǐnrén-rùshèng ; *adj.* lead one into the interesting part of sth, attractive
悬念	xuánniàn ; *n.* suspense		

练一练

1. 用所给汉字完成词语。

   胜　题　作　纲　特　念　设　结　修

   独（　）　　　　（　）构　　　　引人入（　）

   （　）改　　　　（　）置　　　　主（　）

   故事大（　）　　悬（　）　　　　写（　）

2. 选择合适的词语完成句子。

   A. 写作　B. 修改　C. 主题　D. 结构　E. 悬念
   F. 设置　G. 故事大纲　H. 独特　I. 引人入胜

   （1）你的字写错了，去（　　）一下。

   （2）我要参加一个（　　）班，学习怎么写文章。

   （3）明天要早起，你要记得（　　）闹钟！

   （4）梅花是一种很（　　）的花，只有它在冬天开放。

   （5）（　　）是一个汉语成语，多指山水风景或文艺作品吸引人。

   （6）他向大家简单地介绍了这个剧本的（　　），让大家大概知道这个剧本讲了一个什么故事。

   （7）这篇小说的开头给大家设置了一个（　　），吸引大家一直读下去。

   （8）这句话的（　　）不对，时间和地点应该放在句子前面，不是后面。

   （9）这次会议的（　　）是环境保护。

第十课　剧本

✎ 练习

1. 阅读课文一，回答问题。

（1）钱小丽准备怎么做毕业作品？

（2）剧本的作用是什么？

（3）根据课文内容填空。

剧本中的文字就是_____，和小说的文字不一样。而且剧本是_____，好的、_____的剧本可以让动画制作_____！导演要用剧本制作分镜头剧本，指导制作组的工作，_____也需要根据剧本中的_____来配音。

2. 阅读课文二，回答问题。

（1）李明明觉得赵文龙的剧本怎么样？

（2）为什么赵文龙的剧本写了那么久？

（3）为什么赵文龙说写出好的剧本很不容易？

3. 请将下面的一篇短文改编成剧本。

最近几天，我有点儿不舒服，每顿饭只吃一点儿。我的中国朋友看我吃得很少，就花了两个多小时给我做了我最喜欢吃的饺子。我说："我只能吃几个。"中国朋友说："是不是饺子不好吃？"我说："不是，很好吃。"中国朋友又说："那你为什么只吃几个呢？"看到中国朋友着急的样子，我只好告诉她我有点儿不舒服。

☑ 补充词汇

1. 题材　　　tícái；theme, subject
2. 梗概　　　gěnggài；outline
3. 世界观　　shìjièguān；world outlook
4. 人生观　　rénshēngguān；outlook on life
5. 流程　　　liúchéng；process
6. 突转　　　tūzhuǎn；sudden change
7. 镜头语言　jìngtóu yǔyán；lens language

拓展阅读

　　《铁扇公主》是1941年上映的国产动画电影。该电影讲述了唐僧师徒四人在前往西天取经的路上，**途经火焰山**，遇到**烈火**，无法前行，孙悟空前去找**牛魔王**的妻子铁扇公主借**芭蕉扇**，但由于**过往恩怨**，铁扇公主不答应借扇。孙悟空想尽办法，最后化身成为牛魔王，再次前去，**骗**到了芭蕉扇。但牛魔王知道后，化身成为**猪八戒**，又从孙悟空那里骗走了芭蕉扇。经过多次打斗，孙悟空终于拿到了芭蕉扇，扇灭了火焰山的火，从而继续**踏**上取经之路。

1. 途经　　　tújīng；by way of
2. 火焰山　　Huǒyàn Shān；the Mountain of Flames
3. 烈火　　　lièhuǒ；raging fire

4. 牛魔王　　　Niúmówáng；the Bull Demon King

5. 芭蕉扇　　　bājiāoshàn；palm-leaf fan

6. 过往恩怨　　guòwǎng ēnyuàn；past grudges

7. 骗　　　　　piàn；cheat，deceive

8. 猪八戒　　　Zhūbājiè；Pigsy, one of the chief characters in *The Journey to the West*

9. 打斗　　　　dǎdòu；fight

10. 踏　　　　　tà；step on

第十一课　角色造型

📖 课文一　角色造型的设计

杨老师：大家知道合适的演员对于一部电影的重要性吧？动画角色的**造型设计**和电影开拍前的选角一样重要。

赵文龙：动画的**核心角色**就像电影的男女主角一样。

杨老师：对，所以要认真**对待**每一个角色的造型。在设计之前，都要思考一下这个角色的**外形**、声音、**个性**应该是怎么样的，是否符合剧本里的描述，是否符合人们的**审美**需求。

钱小丽：个性也要考虑进去吗？

杨老师：当然，每一个成功的动画角色，都有**丰满鲜明**的**个性**特征，不同的个性创造出的角色造型也会不一样。

赵文龙：《哪吒闹海》《哪吒之魔童降世》里的哪吒都很成功，但性格不一样，呈现出来的造型、形象也不一样。

杨老师：对，就是这个道理，还有要注意的是，在进行外形设计时，大家要注意角色的可动性，就是为了动画**流水线**上的可控性。而且角色造型还要易于识别，让人过目不忘。

075

造型	zàoxíng ; *n.* modelling	鲜明	xiānmíng ; *adj.* bright
核心	héxīn ; *n.* core, kernel	特征	tèzhēng ; *n.* feature
对待	duìdài ; *v.* treat	道理	dàolǐ ; *n.* reason
外形	wàixíng ; *n.* appearance, external form	流水线	liúshuǐxiàn ; *n.* pipeline
个性	gèxìng ; *n.* individuality	识别	shíbié ; *v.* distinguish, discriminate
符合	fúhé ; *v.* accord with, fit	过目不忘	guòmù-bùwàng ; *adj.* gifted with an extraordinary retentive memory
审美	shěnměi ; *n.* appreciation of the beauty		
丰满	fēngmǎn ; *adj.* plentiful, full and round		

练一练

1. 用所给汉字完成词语。

型　特　目　符　待　识　心
性　形　丰　明　道　审　线

个（　）　　　鲜（　）　　　（　）征　　　核（　）

（　）别　　　过（　）不忘　　（　）美　　　外（　）

造（　）　　　（　）满　　　（　）理　　　（　）合

对（　）　　　流水（　）

2. 选择合适的词语完成句子。

A. 造型　B. 核心　C. 对待　D. 外形
E. 个性　F. 符合　G. 审美　H. 丰满

（1）哥哥眼睛近视，不（　　）当飞行员的要求。

（2）这辆车的（　　）很漂亮。

（3）夏天过去了，小燕子已经长出（　　）的羽毛。

（4）这盆花的（　　）非常特别。
（5）老师应该认真（　　）每一个学生。
（6）东西方（　　）差异很大。
（7）总经理是一家公司的领导（　　）。
（8）她今天穿得花花绿绿的，非常有（　　）！

　　　　A. 鲜明　B. 特征　C. 道理　D. 流水线
　　　　　　E. 识别　F. 过目不忘

（1）跟这个人讲（　　），简直是对牛弹琴。
（2）警察一眼就能（　　）人群中的小偷。
（3）一个安静，一个活泼，这对双胞胎的性格形成了（　　）的对比。
（4）他从小就聪明，看书（　　）。
（5）长颈鹿最明显的（　　）是脖子特别长。
（6）（　　）上的工人们正在组装自行车。

课文二　角色造型的美术风格

杨老师：在开始设计角色造型之前，要先考虑角色造型的美术风格，是写实类、幻想写意类、拟人类，还是**装饰抽象**类。

赵文龙：拟人类类似《神偷奶爸》中的小黄人吗？

杨老师：对，这一类造型没有可以**参考**的设计**原型**，需要创作者充分发挥自己的想象力去创造。

赵文龙：写实类是和现实世界接近的，如迪士尼动画中的各位公主？

杨老师：对，这一类造型是对现实的**提炼**与**概括**，参考现实生活中的各种造型进行艺术再创作。

赵文龙：那幻想写意类呢？

杨老师：这一类造型与现实生活中的各种造型具有一定的**差距**，而且追求的是神似，不是形似，有时候会很夸张，如《千与千寻》中的锅炉爷爷。

赵文龙：我还不明白什么是装饰抽象类动画。

杨老师：这一类动画是在欧洲装饰画的基础上发展而来，以图形**符号**或几何元素的组合来创作的，具有强烈的**线条**感或者图形感，造型**简洁**，还给人以现代感。

美术	měishù ; *n.* the fine arts	类	lèi ; *n.* category
写实	xiěshí ; *v.* write or paint realistically	参考	cānkǎo ; *v./n.* reference
		原型	yuánxíng ; *n.* prototype
幻想	huànxiǎng ; *n.* fantasy, illusion	迪士尼	Díshìní ; *n.* Disney
		提炼	tíliàn ; *v.* refine, extract and purify
写意	xiěyì ; *n.* freehand brushwork in traditional Chinese painting		
		概括	gàikuò ; *v.* generalize
拟人	nǐrén ; *n.* personification	差距	chājù ; *n.* disparity, gap
装饰	zhuāngshì ; *v.* decorate	符号	fúhào ; *n.* symbol
抽象	chōuxiàng ; *adj.* abstract	线条	xiàntiáo ; *n.* line
类似	lèisì ; *v.* to be similar	简洁	jiǎnjié ; *adj.* concise, pithy

练一练

1. 用所给汉字完成词语。

拟 象 意 类 写 幻 饰 考 术

（　）似　　　装（　）　　　（　）人
抽（　）　　　（　）实　　　参（　）
美（　）　　　写（　）　　　（　）想

号 括 差 炼 原 尼 洁 条

（　）型　　　符（　）　　　提（　）　　　简（　）
概（　）　　　线（　）　　　（　）距　　　迪士（　）

2. 选择合适的词语完成句子。

A. 美术　B. 写实　C. 幻想　D. 写意　E. 拟人
F. 装饰　G. 抽象　H. 类似　I. 类　J. 参考

（1）（　　）艺术很难看懂。

（2）我喜欢这（　　）书籍。

（3）上海（　　）电影制片厂拍摄了很多有名的动画片。

（4）他总是有许多不切实际的（　　）。

（5）这棵圣诞树上放了很多（　　）品。

（6）（　　）就是把事物或动物人格化。

（7）为了备好课，老师阅读了很多（　　）材料。

（8）中国国画与油画相比，国画重（　　），油画重（　　）。

（9）要认真分析这次失败的原因，以后不要犯（　　）的错误。

A. 原型　B. 迪士尼　C. 简洁　D. 概括　E. 差距　F. 符号

（1）要正确使用标点（　　）。

（2）请你（　　）一下这部电影的内容。

（3）这篇文章写得很（　　）。

（4）他就是这部电影男主角的（　　）。

（5）今年暑假我想去（　　）乐园玩。

（6）城市与农村的收入（　　）很大。

✐ 练习

1. 阅读课文一，回答问题。

（1）每一个成功的动画角色，都需要有什么？

（2）根据课文内容填空。

在设计之前，都要思考一下这个角色的_____、声音、_____应该是怎么样的，是否_____剧本里的描述，是否符合人们的_____。每一个成功的动画角色，都有_____的个性特征，不同的个性创造出的_____也会不一样。

2. 阅读课文二，回答问题。

（1）角色造型的美术风格有哪几种？

（2）《神偷奶爸》中的小黄人属于哪一种美术风格？

（3）根据课文内容填空。

角色造型的美术风格有四种，分别是_____。《神偷奶爸》中的小黄人属于_____；迪士尼动画中的各位公主属于_____；《千与千寻》中的锅炉爷爷形象属于_____。

3. 请介绍一个你最喜欢的动画角色，说一说它的美术风格。

☑ 补充词语

1. 正面角色　zhèngmiàn juésè；positive character
2. 反面角色　fǎnmiàn juésè；villain character
3. 正面　　　zhèngmiàn；the obverse side
4. 背面　　　bèimiàn；the reverse side
5. 侧面　　　cèmiàn；the side
6. 个人色彩　gèrén sècǎi；personal color
7. 典型特征　diǎnxíng tèzhēng；typical feature
8. 典型动作　diǎnxíng dòngzuò；typical action
9. 典型表情　diǎnxíng biǎoqíng；typical expression
10. 个性化　　gèxìnghuà；personalization
11. 服装　　　fúzhuāng；clothing
12. 道具　　　dàojù；stage property, prop

🖱 拓展阅读

《葫芦兄弟》是一部 13 集的系列剪纸动画片，由上海美术电影制片厂制作于 1987 年。这部动画片讲述了 7 个**神奇**的葫芦娃和爷爷一起生活，在爷爷被蛇妖抓走以后，一起**救**出爷爷，并将妖精**镇压**在山下的故事。

《葫芦兄弟》是中国原创经典动画片之一，和《黑猫警长》一样，也是很多人喜爱的儿时动画片之一。

1. 葫芦　húlu；calabash
2. 兄弟　xiōngdì；brothers
3. 神奇　shénqí；magical, peculiar
4. 救　　jiù；save, rescue
5. 镇压　zhènyā；suppress, repress

第十二课　动画节奏

📖 课文一　节奏

杨老师：今天我们来说一说**节奏**，这是动画最基本的**原理**。就是说一个动作的**图**，图与图之间**距离**越短，动作越慢；距离越长，动作越快。

赵文龙：我明白了，距离越短，需要的**连续**图画就越多，动作就越慢。

杨老师：对，动画节奏还可以分为**步调**、**分节**、节奏三种**类型**。

孙可言：老师，能不能**举例**说明一下。

杨老师：比如，一个从睡觉到起床的场景里。刚开始，一个人躺在床上睡觉，这里步调慢；**闹钟**响，他要迟到了，马上起床穿衣，这里步调快。他躺在床上睡觉，闹钟响后一下坐起来，跳下床开始穿衣，这里就是三个分节。而他从床上跳下来这一个动作，一共用了20帧，这就是节奏。

节奏	jiézòu	*n.* rhythm	步调	bùdiào	*n.* pace
原理	yuánlǐ	*n.* principle	分节	fēnjié	*n.* sectionalization
图	tú	*n.* picture	类型	lèixíng	*n.* type
距离	jùlí	*n.* distance	举例	jǔlì	*v.* give an example
连续	liánxù	*adj.* continuous	闹钟	nàozhōng	*n.* alarm clock

注释

越……越……

表示条件与结果之间的变化关系，如越走越远、越吃越胖。

练一练

1. 用所给汉字完成词语。

举 步 离 原 类 钟 奏 分 连

（　）型　　　距（　）　　　（　）例

闹（　）　　（　）理　　　（　）续

（　）节　　　节（　）　　　（　）调

2. 选择合适的词语完成句子。

A. 节奏　B. 原理　C. 图　D. 距离　E. 连续
F. 步调　G. 分节　H. 类型　I. 举例　J. 闹钟

（1）爸爸工作很忙，常常（　　）几天加班。

（2）动画节奏可以分为（　　）、（　　）、（　　）。

（3）课文中，老师（　　）说明了动画节奏的三种类型是什么。

（4）虽然我们的（　　）很远，但我们的心是在一起的。
（5）动画节奏是动画最基本的（　　）。
（6）这几本书都是同一种（　　）。
（7）听到（　　）响，我马上从床上跳下来了。
（8）教室后面挂了五张（　　）。

课文二 运动规律

杨老师：大家在画动作时，要注意**遵循**运动**规律**，如**惯性**、**万有引力**等。

钱小丽：我们什么时候会用到这些？

杨老师：**自始至终**，特别是在画**下落**的**物体**时，**以及**物体**弹跳**时的**挤压**、**拉伸**等。

钱小丽：好麻烦，感觉需要画很多图。

杨老师：还好，只要画好关键动作，做好**原画**和**中间画**，就会简单方便一些。

遵循	zūnxún；v. follow	物体	wùtǐ；n. object
规律	guīlǜ；n. rule	以及	yǐjí；conj. as well as, and
惯性	guànxìng；n. inertia	弹跳	tántiào；v. bounce
万有引力	wàn yǒu yǐnlì；n. universal gravitation	挤压	jǐyā；v. extrude, squeeze
自始至终	zìshǐ-zhìzhōng；adv. from beginning to end	拉伸	lāshēn；v. stretch
		原画	yuánhuà；n. key-animator
下落	xiàluò；v. fall	中间画	zhōngjiān huà；n. inbetween

练一练

1. 用所给汉字完成词语。

| 落 | 引 | 拉 | 规 | 间 | 跳 | 终 | 惯 | 原 | 以 | 物 | 遵 | 压 |

挤（　）　　　　（　）律　　　　从始至（　）

（　）及　　　　弹（　）　　　　（　）伸

（　）循　　　　（　）性　　　　下（　）

万有（　）力　　（　）体　　　　（　）画

中（　）画

2. 选择合适的词语完成句子。

A. 规律　B. 遵循　C. 惯性　D. 万有引力　E. 从始至终
F. 下落　G. 物体　H. 以及　I. 弹跳　J. 原画　K. 中间画

（1）他虽然不高，但（　　）力很好，所以篮球打得很好。

（2）（　　），我都赞成你的想法，一直支持你。

（3）为了方便制作，可以先画出开始和结束的（　　），然后再在中间画出（　　）。

（4）学生应该（　　）学校的规则。

（5）一年四季，春夏秋冬，这是自然（　　）。

（6）张美、王月（　　）陈可都得到了老师的表扬。

（7）每个（　　）都有惯性。

（8）（　　）就是物体保持自身原有运动状态或静止状态的性质。

（9）（　　）是牛顿（Newton）发现的。

（10）书从他手中（　　）。

✎ 练习

1. 阅读课文一，回答问题。

（1）动画节奏可以分为几种类型？

（2）动画的基本原理是什么？请简单解释一下。

（3）根据课文内容填空。

　　动画节奏是动画最基本的_____，是说一个动作的图，图与图之间距离越短，动作越慢；距离越长，动作越_____。_____还可以分为_____、_____、_____三种类型。

2. 阅读课文二，回答问题。

（1）杨老师说，在画动画之前，要注意什么？

（2）什么时候会用到运动规律？

（3）根据课文内容填空。

　　大家在画动作时，要注意_____运动规律，如_____、_____等。特别是在画下落的_____时，以及物体弹跳时的_____、_____等。

3. 请说一说你会怎么画一个下落后在弹跳的物体。

☑ 补充词汇

1. 预备　　　　yùbèi；prepare, get ready
2. 线性运动　　xiànxìng yùndòng；linear movement
3. 弧线运动　　húxiàn yùndòng；curvature movement
4. S 形运动　　S xíng yùndòng；s-shape movement
5. 分解　　　　fēnjiě；resolve
6. 加速　　　　jiāsù；speed up
7. 减速　　　　jiǎnsù；slow down
8. 扁平　　　　biǎnpíng；flat

🖱 拓展阅读

《画江湖之不良人》是2014年首播的三维武侠动画片，目前共更新了6季。该动画片以中国唐代为历史背景，围绕当时的一个神秘组织"不良人"及其隐藏起来的宝藏而展开。主角李星云和朋友们在这险恶的江湖世界中努力寻找自己的生存之道，是一部中国经典武侠传奇。

1.《画江湖之不良人》《Huà Jiānghú Zhī Bùliángrén》；*A Portrait of Jianghu : Buliangren*

2. 首播　　shǒubō；premiere
3. 成人　　chéngrén；adult
4. 更新　　gēngxīn；update

5. 唐代　tángdài；Tang Dynasty

6. 围绕　wéirào；center on, revolve round

7. 神秘　shénmì；mysterious

8. 组织　zǔzhī；organization

9. 隐藏　yǐncáng；hide，conceal

10. 宝藏　bǎozàng；treasure

11. 展开　zhǎnkāi；unfold

12. 险恶　xiǎn'è；dangerous

13. 传奇　chuánqí；legend

第十三课　故事板

📖 课文一　故事板的必备元素

钱小丽：这个故事板和我们以前看过的不一样。

杨老师：**排版布局**不一样，**摄影框**的规格也不一样，不过影响不大。

赵文龙：都可以用吗？

杨老师：当然，仔细看，虽然布局不一样，但有一些元素是都有的。

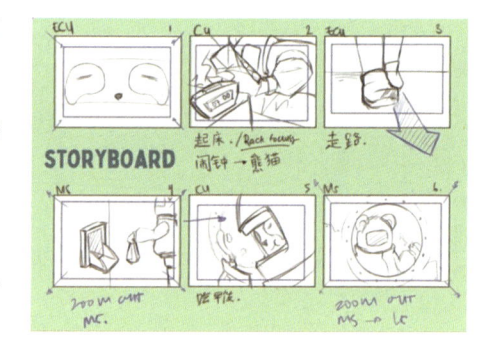

钱小丽：啊！对，都有编号、工作室名称、页码、段落、标题、台词和特效。

杨老师：对，这些元素都是**必备**的。

赵文龙：但是方框大小不一样。

杨老师：这是摄影里的镜头框，是**有效**的画面内容。这个摄影框要注意实际需要的**比例**，根据需要用线条进行**分割**，重新**设定大小**。

钱小丽：看，这里还有一行字。

杨老师：这是导演的**阐释**，对于有些重点镜头，导演会补充说明具体怎么描绘、镜头视角是什么样的等。

排版	páibǎn ; *v.* typeset	标题	biāotí ; *n.* title
摄影	shèyǐng ; *v.* photograph	必备	bìbèi ; *adj.* necessary
规格	guīgé ; *n.* specification	方框	fāngkuàng ; *n.* box
编号	biānhào ; *n.* serial number	有效	yǒuxiào ; *adj.* effective
工作室	gōngzuòshì ; *n.* studio	比例	bǐlì ; *n.* proportion
名称	míngchēng ; *n.* name	分割	fēngē ; *v.* segment
页码	yèmǎ ; *n.* page number	设定	shèdìng ; *v.* set
段落	duànluò ; *n.* paragraph	阐释	chǎnshì ; *v.* interpret

注释

行

多音字，可读 háng、xíng、hàng、héng，如行业、行走、树行子、道行。

练一练

1. 用所给汉字完成词语。

> 码 室 阐 排 例 方 设 摄 割 必

分（　）　　工作（　）　　（　）版　　页（　）　　（　）释
比（　）　　（　）框　　　（　）备　　（　）影　　（　）定

> 标 效 编 条 格 称 段

名（　）　　（　）落　　线（　）　　（　）号
有（　）　　规（　）　　（　）题

2. 选择合适的词语完成句子。

> A. 排版　B. 编号　C. 名称　D. 页码　E. 段落
> F. 方框　G. 线条　H. 标题　I. 比例　J. 工作室

（1）爸爸读报，总是先浏览一下各版的（　　　），然后再仔细阅读重要新闻。

（2）这篇文章一共有几个（　　　）？

（3）你画的这个人物（　　　）不对，头太大，身体太小。

（4）毕业后，他去了一家小型动画（　　　）工作。

（5）我们公司的每个产品都有自己独有的（　　　）。

（6）编钟的各部位都有着特定的（　　　），正背的中上部直的阔条称为"钲"，下部谓之"鼓"，钟口尖锐的两侧称为"铣"……

（7）这幅画的（　　　）非常柔和。

（8）（　　　）就是方形的框子。

（9）这些稿纸全乱了，你能替我按（　　　）把它们排好吗？

（10）王选先生首创了汉字激光照相（　　　）系统，方便了出版排印工作。

> A. 规格　B. 阐释　C. 设定　D. 分割
> E. 摄影　F. 有效　G. 必备

（1）台湾是中国领土不可（　　　）的一部分。

（2）商品的（　　　）与说明书上介绍的不太一致。

（3）这种药很（　　　）。

（4）她对各项规定进行了清楚的（　　　）。

（5）早上被闹钟吵醒后，她重新（　　　）了一个时间，就继续睡了。

（6）诚信是友谊的（　　　）条件。

（7）大学毕业后，哥哥成了一名（　　　）记者。

📖 课文二　故事板镜头画面的设计

赵文龙：老师，在这些方框里我们需要些什么呢？

杨老师：这是镜头框，用来**绘制**展现在观众面前一帧一帧的画面。

赵文龙：那角色的造型、场景的设计、**配色**、光影的设计等都可以在里面展示出来。

杨老师：说得很对，所有视觉元素都可以展示出来，包括运动的**路径**、镜头的运动方式等。同时，也要**思考**如何组接不同的镜头画面。

赵文龙：就是展示出创作者的设计**意图**，对吗？

杨老师：其实是**主观**、**客观**的**结合**，也需要客观地展示出摄像机镜头前的造型，如画在纸上的图像、三维软件建的**模型**等。

绘制	huìzhì；v. draw		意图	yìtú；n. intention
配色	pèisè；n. color matching		主观	zhǔguān；adj. subjective
路径	lùjìng；n. way, route, path		客观	kèguān；adj. objective
思考	sīkǎo；v. think deeply, ponder over		结合	jiéhé；v. combine, unite
			模型	móxíng；n. model, mould

练一练

1. 用所给汉字完成词语。

| 合 观 路 模 绘 客 组 思 图 配 |

（　）型　　结（　）　　意（　）　　主（　）　　（　）观

（　）径　　（　）制　　（　）接　　（　）色　　（　）考

2. 选择合适的词语完成句子。

| A. 绘制　B. 配色　C. 路径　D. 思考　E. 组接 |
| F. 意图　G. 主观　H. 客观　I. 结合　J. 模型 |

（1）这只是你的（　　）想法。

（2）我们要遵循（　　）规律。

（3）我比较喜欢这种（　　）方案，绿色和黄色一起，很不错。

（4）我不太明白设计师的（　　）。

（5）他喜欢飞机，所以父母给他买了很多飞机（　　）。

（6）她正在教室（　　）学校地图。

（7）这两个镜头应该怎么（　　）呢？

（8）经过多次试验，他终于找到了成功的（　　）。

（9）考试时遇到难题要冷静（　　）。

（10）既要工作，也要休息，要劳逸（　　）！

✎ 练习

1. 阅读课文一，回答问题。

（1）故事板的必备元素有哪些？

（2）根据课文内容填空。

　　故事板的必备元素有_____。摄影里的镜头框是_____。这个摄影框要注意_____，根据需要用_____进行分割，重新_____大小。

2. 阅读课文二，回答问题。

（1）镜头框里面展示的是什么内容？

（2）根据课文内容填空。

　　角色的造型、场景的设计、_____、光影的设计等都可以在_____展示出来，也可以展示出创作者的_____。

3. 请在网上找一个故事板，向大家介绍一下里面的内容。

☑ 补充词语

1. 摄制表　　　shèzhì biǎo；production schedule
2. 序号　　　　xùhào；the serial number

3. 顺拍 　　　　shùnpāi；sequential filming

4. 倒拍 　　　　dàopāi；reverse filming

5. 曝光 　　　　bàoguāng；exposure

6. 透光 　　　　tòuguāng；translucent

7. 化入 　　　　huàrù；fade in

8. 化出 　　　　huàchū；fade out

9. 叠化 　　　　diéhuà；dissolve

拓展阅读

　　《西游记之大圣归来》是一部 2015 年上映的 3D 动画电影。故事内容根据《西游记》进行改编，讲述了已被**封印**于**五行山**下 500 年的孙悟空被一个叫江流儿的小**和尚**（小时候的唐僧）**无意**中**解除**封印，然后一起**冒险**，找回自我的故事。

　　这部动画片制作精良，画面美观，故事**新颖**有趣，被《人民日报》评为"中国动画电影十年来少有的**现象级作品**"。

1. 封印 　　　fēngyìn；seal

2. 五行山 　　Wǔxíng Shān；the Five Elements Mountain

3. 和尚 　　　héshang；buddhist monk

4. 无意 　　　wúyì；have no intention

5. 解除 　　　jiěchú；remove

6. 冒险 　　　màoxiǎn；adventure

7. 新颖　　　　xīnyǐng；novelty
8.《人民日报》《Rénmín Rìbào》；*People's Daily*
9. 现象级　　　xiànxiàngjí；phenomenal

第十四课　动画与现代动画制作技术

📖 课文一　二维动画和三维动画

杨老师：动画可以分为**二维**的和**三维**的，《大闹天宫》《猫和老鼠》《千与千寻》都是二维动画，《哪吒之魔童降世》《秦时明月》《西游记之大圣归来》都是三维动画。

钱小丽：二维的是**平面**的，三维的是**立体**的。

杨老师：是的，二维动画就是在纸上画出来一张张连续的**系列**图片，然后放在一起，利用**视觉暂留**原理，以快速**呈现**的方式展示给观众的动画，如最早的动画**手翻书**。

钱小丽：三维动画好像只能用电脑制作。

杨老师：三维动画几乎都**依赖**于电脑制作，使用的软件有 MAYA 3D、LightWave 3D、SOFTIMAGE 3D 等。

二维	èrwéi ; *n.* two dimensions	视觉暂留	shìjué zànliú ; *n.* duration of vision
三维	sānwéi ; *n.* three dimensions	呈现	chéngxiàn ; *v.* present
平面	píngmiàn. ; *n.* flat	手翻书	shǒufānshū ; *n.* flip book
立体	lìtǐ ; *adj.* three-dimensional	依赖	yīlài ; *v.* rely on
系列	xìliè ; *n.* series		

练一练

1. 用所给汉字完成词语。

立　赖　呈　平　翻　系　视　维

二（　）　　手（　）书　　（　）体　　（　）觉暂留

（　）面　　依（　）　　（　）列　　（　）现

2. 选择合适的词语完成句子。

A. 二维　B. 三维　C. 系列　D. 视觉暂留
E. 呈现　F. 手翻书　G. 依赖

（1）《非人哉》是（　　）动画。

（2）《冰雪奇缘》是（　　）动画。

（3）（　　）又称"余晖效应"。

（4）（　　）是指有多张连续动作漫画图片的小册子，因人类视觉暂留而感觉图像动了起来，也可说是一种动画手法。

（5）这套（　　）动画片很受孩子们的欢迎。

（6）节日里到处（　　）出一片祥和欢乐的气氛。

（7）学习上不能（　　）别人。

课文二　现代动画制作技术

杨老师：要学习制作三维动画，首先要了解三维动画的制作技术。

赵文龙：我听说过**粒子系统**。

钱小丽：这是什么？

杨老师：模拟一些**特定**的**模糊**现象的技术，如烟、云、火等。不过，部分二维软件也能做到。

赵文龙：**渲染**是吗？

杨老师：是，此外还有**建模**、**布料**效果、**毛发**效果、**材质贴图**、摄影机控制和**动力学**等。

粒子系统	lìzǐ xìtǒng；*n.* particle system	布料	bùliào；*n.* cloth
特定	tèdìng；*adj.* specific	毛发	máofà；*n.* hair
模糊	móhu；*adj.* vague	材质贴图	cáizhì tiētú；*n.* texture mapping
渲染	xuànrǎn；*v.* render		
建模	jiànmó；*v.* model	动力学	dònglìxué；*n.* dynamics

练一练

用所给汉字完成词语。

| 特 力 料 渲 糊 质 子 模 发 |

布（　）　　　　粒（　）系统　　　　建（　）

材（　）贴图　　毛（　）　　　　　（　）定

（　）染　　　　动（　）学　　　　模（　）

✎ 练习

1. 阅读课文一，回答问题。

（1）哪些动画片属于二维动画？

（2）哪些动画片属于三维动画？

（3）根据课文内容填空。

二维动画就是在纸上画出来一张张_____图片，然后放在一起，利用_____原理，以快速呈现的方式展示给观众的动画，比如最早的动画_____。_____几乎都依赖于电脑制作，使用的_____有MAYA 3D、LightWave 3D、SOFTIMAGE 3D 等。

2. 阅读课文二，回答问题。

（1）三维动画的制作技术有哪些？

（2）简单说一说什么是粒子系统。

（3）根据课文内容填空。

三维动画的制作技术有_____、_____、_____、_____、
_____、_____、毛发效果和动力学等。其中_____模拟一些_____的
技术，如烟、云、火等。

3. 请制作一本手翻书。

☑ 补充词汇

1. 全息技术　　quánxī jìshù；holographic technique
2. 发射器　　　fāshèqì；ejector
3. 反弹　　　　fǎntán；rebound
4. 容器　　　　róngqì；vessel
5. 运动继承　　yùndòng jìchéng；motion inheritance
6. 运动模糊　　yùndòng móhu；motion blur
7. 噪波　　　　zàobō；noise
8. 置换　　　　zhìhuàn；replace

拓展阅读

《十万个冷笑话》是2012年开始播出的国产动画片,由漫画改编而来。该动画片每一集都是**独立**的**吐槽**故事,每一集之间的关系**似**有若无,非常**微妙**。目前,该动画片已更新了3**季**,同名动画电影于2014年上映。这部动画片及其电影以**搞笑**的语言、极具创意的故事和画风得到了众多**网友**的喜欢。

1. 《十万个冷笑话》《Shíwàn Gè Lěngxiàohuà》;*One Hundred Thousand Bad Jokes*
2. 独立　dúlì;independent
3. 吐槽　tǔcáo;taunt, roast
4. 似　　sì;like, seem
5. 微妙　wēimiào;subtle
6. 季　　jì;period, season
7. 搞笑　gǎoxiào;funny
8. 网友　wǎngyǒu;netizen

第十五课　中国传统艺术与动画的结合

📖 课文一　水墨动画

　　杨老师：今天，我们看一部动画片——《小蝌蚪找妈妈》。大家看完有什么感受？

　　钱小丽：很感动，同时觉得很**新奇**，因为我以前没有看过这种画面主要是黑白风格的动画片。

　　杨老师：这是中国水墨动画，是由中国传统艺术水墨画与动画相结合而产生的。

　　赵文龙：整部动画片的画风都很朴素，偶尔有**浓烈**的色彩，色彩跳跃性强，让人耳目一新。

　　李明明：画面留白多，笔墨有浓有淡，有虚有实，**若隐若现**，给人的想象空间也多。

　　杨老师：大家都说得很好，水墨动画**讲究**神似，不重形似，注重意境的表达。水墨动画的代表作有《山水情》《牧笛》。

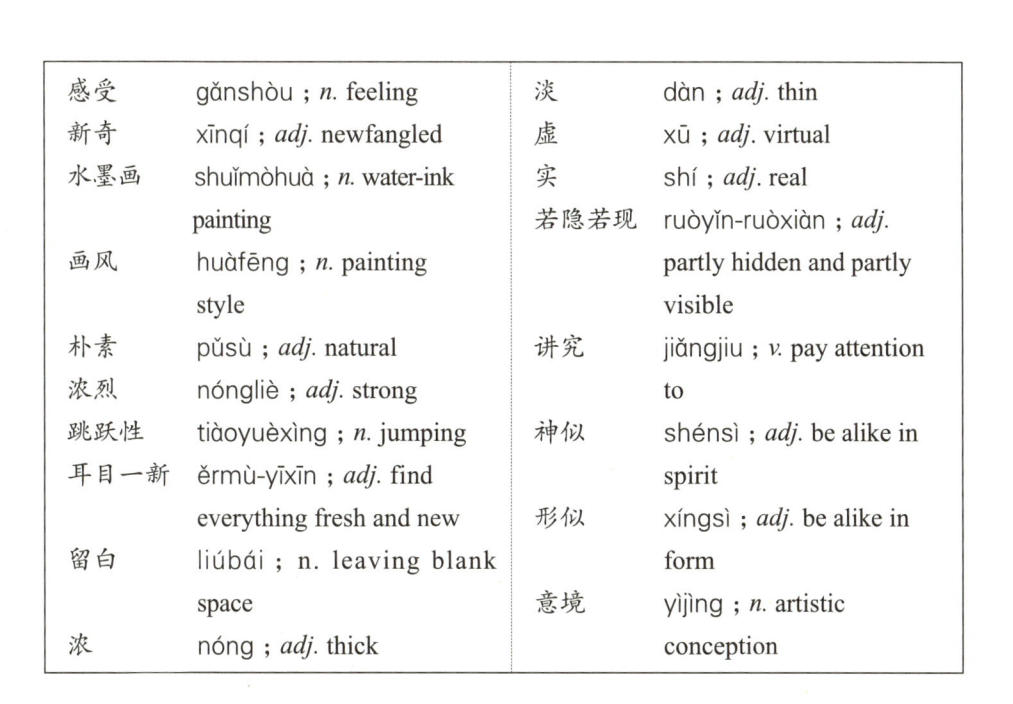

感受	gǎnshòu ; *n.* feeling	淡	dàn ; *adj.* thin
新奇	xīnqí ; *adj.* newfangled	虚	xū ; *adj.* virtual
水墨画	shuǐmòhuà ; *n.* water-ink painting	实	shí ; *adj.* real
画风	huàfēng ; *n.* painting style	若隐若现	ruòyǐn-ruòxiàn ; *adj.* partly hidden and partly visible
朴素	pǔsù ; *adj.* natural	讲究	jiǎngjiu ; *v.* pay attention to
浓烈	nóngliè ; *adj.* strong		
跳跃性	tiàoyuèxìng ; *n.* jumping	神似	shénsì ; *adj.* be alike in spirit
耳目一新	ěrmù-yīxīn ; *adj.* find everything fresh and new	形似	xíngsì ; *adj.* be alike in form
留白	liúbái ; n. leaving blank space	意境	yìjìng ; *n.* artistic conception
浓	nóng ; *adj.* thick		

练一练

1. 用所给汉字完成词语。

> 奇 受 画 风 新 朴 烈 跃

（ ）素　　画（ ）　　跳（ ）性　　耳目一（ ）

感（ ）　　水墨（ ）　　浓（ ）　　新（ ）

> 似 境 隐 白 形 究

神（ ）　　（ ）似　　意（ ）

留（ ）　　讲（ ）　　若（ ）若现

2. 选择合适的词语完成句子。

> A. 感受　B. 新奇　C. 水墨画　D. 画风　E. 朴素
> F. 浓烈　G. 跳跃性　H. 耳目一新

（1）家乡的变化让他（　　　）。

（2）这两部动画片虽然都是在讲哪吒的故事，但是（　　　）很不一样。

（3）她打碎了酒瓶，空气里酒的味道非常（　　　）。

（4）她穿着一件浅色的上衣，显得非常（　　　）。

（5）这套服装的设计很（　　　）。

（6）这个人的思维很有（　　　）。

（7）请谈一谈你对这件事的真实（　　　）。

（8）《小蝌蚪找妈妈》是一部（　　　）风格的动画片。

> A. 留白　B. 浓　C. 意境　D. 若隐若现
> E. 讲究　F. 神似　G. 形似　H. 淡

（1）水墨画讲究（　　　）。

（2）（　　　）就是留下相应的空白，留有想象的空间。

（3）（　　　）就是形式、外表上相像。

（4）雨后，远处的房屋（　　　），似有似无。

（5）这首诗描述出来的（　　　）非常美。

（6）水墨画的笔墨有（　　　）有（　　　），有虚有实。

（7）做事要（　　　）方法，不能盲干。

课文二 剪纸动画

赵文龙：我前两天看了一部动画片，叫《猪八戒吃西瓜》，角色的画风和皮影很像啊！

杨老师：这是**剪纸**动画，它**融合**了剪纸、皮影、**窗花**、**年画**、**木偶戏**等的技术与风格。

赵文龙：拍摄过程很**繁杂**吧？

杨老师：对，它使用**逐格拍摄**技术，**耗**时**耗**力，而且前期制作、后期**整合**都相当繁杂。但这种动画**通俗美观**，是民族风格的完美展现。

剪纸	jiǎnzhǐ ; *n.* paper-cut	逐格拍摄	zhúgé pāishè ; *n.* frame-by-frame shooting
融合	rónghé ; *v.* mix together	耗	hào ; *v.* cost, consume
窗花	chuānghuā ; *n.* paper-cut for window decoration	整合	zhěnghé ; *v.* integration
年画	niánhuà ; *n.* New Year picture	通俗	tōngsú ; *adj.* popular, common
木偶戏	mù'ǒuxì ; *n.* puppet show	美观	měiguān. ; *adj.* beautiful
繁杂	fánzá ; *adj.* miscellaneous		

第十五课 中国传统艺术与动画的结合

练一练

1. 用所给汉字完成词语。

美 融 剪 戏 花 摄 画 合 通 杂

窗（　）　　整（　）　　（　）合　　年（　）　　逐格拍（　）

（　）俗　　（　）纸　　繁（　）　　（　）观　　木偶（　）

2. 选择合适的词语完成句子。

A.融合　B.剪纸　C.逐格拍摄　D.耗
E.美观　F.繁杂　G.通俗

（1）（　）是一种民间工艺，用纸剪成或刻出人物、花草、鸟兽等的形象。

（2）校长的工作十分（　）。

（3）这座建筑（　）了东西方建筑风格，非常漂亮。

（4）（　）就是一格一格拍摄。

（5）这件衣服（　）大方，适合你。

（6）他的演讲既（　）又有趣。

（7）这个工作（　）时（　）力。

✎ 练习

1. 阅读课文一，回答问题。

（1）哪些动画片是水墨动画？

（2）水墨动画有什么特点？

（3）根据课文内容填空。

　　水墨动画的画风_____，偶尔有浓烈的色彩，色彩_____强，让人_____。而且画面留白多，笔墨_____，有虚有实，若隐若现，给人的想象空间也多。

2. 阅读课文二，回答问题。

（1）哪些动画片是剪纸动画？

（2）剪纸动画有什么特点？

（3）根据课文内容填空。

　　剪纸动画_____，是民族风格的完美展现。它融合了_____等的技术与风格，使用_____技术制作，耗时耗力。

3. 请了解一下什么是木偶动画和折纸动画。

☑ 补充词语

1. 关节钉　　　guānjiédīng；joint nail
2. 配件　　　　pèijiàn；accessory
3. 前景刻制　　qiánjǐng kèzhì；foreground engraving
4. 晕染　　　　yùnrǎn；the skill of polishing a painting with water
5. 喷绘　　　　pēnhuì；airbrush
6. 拉毛工艺　　lāmáo gōngyì；roughening
7. 表情叠变　　biǎoqíng diébiàn；overlap and change of facial expression
8. 单线平涂　　dānxiàn píngtú；flat painting with single line

拓展阅读

动画片《西游记》根据中国古典四大**名著**之一的《西游记》改编制作，1999 年首播，共 52 集。

该动画片讲述了**唐僧师徒**从大唐出发，前往西天取**经**，途中经历九九八十一难后终于取回真经的故事。

1. 名著　　míngzhù；masterwork
2. 唐僧　　Tángsēng；Tang Monk
3. 师徒　　shītú；master and apprentice
4. 经　　　jīng；Buddhist scriptures

第十六课　中国动画

📖 课文一　皮影戏

赵文龙：老师，中国的动画，最早可以**追溯**到什么时候啊？

杨老师：我觉得，最早可以追溯到**皮影戏**，皮影戏是世界电影的**鼻祖**。但这个观点呢，并不是所有人都**赞同**。

钱小丽：就是"**驴**皮影"吗？我去北京旅游的时候，看过这个表演，一位老人告诉我这是"驴皮影"。

杨老师：对！皮影戏又叫"**影子**戏"或"**灯影**戏"，老北京人叫它"驴皮影"。

孙可言：这个可以做成动画吗？

杨老师：以前，人们把**兽皮**做成不同的人物，表演者在一张白布后用**丝线控制**，利用**光影**效果来一边唱一边表演。

赵文龙：杨老师，皮影戏有多少年的历史了？

杨老师：皮影戏在**西汉**时就已经有了，到现在已经有 2 000 多年的历史了。

追溯	zhuīsù；v. trace, date back	灯影	dēngyǐng；n. lamp shadow
皮影戏	píyǐngxì；n. Chinese shadow puppetry	兽皮	shòupí；n. animal skin
		丝线	sīxiàn；n. silk thread
鼻祖	bízǔ；n. originator	控制	kòngzhì；v. control
赞同	zàntóng；v. approve	光影	guāngyǐng；n. shadow
驴	lú；n. donkey	西汉	xīhàn；n. the Western Han Dynasty
影子	yǐngzi；n. shadow		

113

练一练

1. 用所给汉字完成词语。

| 戏 皮 光 追 同 控 鼻 线 汉 影 |

灯（　）　　西（　）　　兽（　）　　丝（　）　　（　）制

（　）影　　皮影（　）　　赞（　）　　（　）祖　　（　）溯

2. 选择合适的词语完成句子。

| A.西汉　B.皮影戏　C.追溯　D.鼻祖　E.赞同　F.驴 |
| G.影子　H.兽皮　I.丝线　J.控制　K.光影 |

（1）（　　）是一种动物，长得像马。

（2）课文中，老师认为（　　）是动画的（　　）。

（3）墙上挂着一张（　　）。

（4）中午的时候（　　）很短，早晚的时候很长。

（5）课文中，老师认为动画的起源最早可以（　　）到皮影戏。

（6）这场表演的（　　）效果非常棒，非常真实，让人感觉像是站在星空下。

（7）大家都（　　）他的看法，支持他的选择。

（8）我们要学会（　　）自己的脾气，不要经常发脾气。

（9）妈妈用（　　），在我的衣服上绣了一朵漂亮的小花。

（10）刘邦是（　　）的第一个皇帝。

课文二　中国动画代表作

杨老师：皮影戏以后，西方传来了**西洋镜**、**电影机**等，让现代技术慢慢融入了动画制作。今天我来给大家说一说中国动画的**代表作**。

钱小丽：我知道，中国第一部动画片是《**大闹画室**》，于 1926 年制作完成。

杨老师：对，但是现在我们已经看不到这部动画片了。1941 年制作的《铁扇公主》说明当时的中国动画已**接近世界领先水平**。

赵文龙：老师，那您之前介绍过的《大闹天宫》呢？

杨老师：《大闹天宫》是从 1961 年开始制作的，于 1964 年完成。这部动画片制作水平非常高，**达到世界领先水平**。后来，中国的动画人又制作了《黑猫警长》《葫芦兄弟》等优秀动画作品，成为二十世纪八九十**年代**人们的美好**童年**记忆。

赵文龙：中国近几年有没有优秀的动画作品呢？

杨老师：有，我们经常说的《哪吒之魔童降世》就是。除了这部电影，还有《白蛇：缘起》《罗小黑战记》《西游记之大圣归来》《非人哉》等也是这几年涌现出的优秀**国产**动画片。

西洋镜　xīyángjìng；n. thaumatrope, peep show	《铁扇公主》《Tiěshàn Gōngzhǔ》; Princess Iron Fan
电影机　diànyǐngjī；n. cinematograph	《黑猫警长》《Hēimāo Jǐngzhǎng》; Black Cat Sheriff
现代　xiàndài；n. modern	
融入　róngrù；v. blend in, integrate	《葫芦兄弟》《Húlu Xiōngdì》; Calabash Brothers
代表作　dàibiǎozuò；n. representative works	《白蛇：缘起》《Báishé：Yuánqǐ》; White Snake
接近　jiējìn；v. approach	
领先　lǐngxiān；adj. be in the lead	《罗小黑战记》《Luóxiǎohēi Zhànjì》; The Legend of Hei
达到　dádào；v. reach, achieve	
年代　niándài；n. time, period	《西游记之大圣归来》《Xīyóujì Zhī Dàshèng Guīlái》; Monkey King: Monkey King is Back
童年　tóngnián；n. childhood	
国产　guóchǎn；adj. domestic	
《大闹画室》《Dànào Huàshì》; Uproar in the Studio	
《大闹天宫》《Dànào Tiāngōng》; Uproar in Heaven	《非人哉》《Fēirén Zāi》; Non-Human

练一练

1. 用所给汉字填空。

猫　机　蛇　扇　先　童　黑　非　兄　镜

（　）人哉　　电影（　）　　（　）年　　白（　）传说

葫芦（　）弟　　铁（　）公主　　领（　）　　西洋（　）

黑（　）警长　　罗小（　）战记

来　宫　室　现　入　作　达　国　年　近

（　）到　　接（　）　　（　）代　　大闹画（　）

（　）产　　代表（　）　　融（　）　　（　）代

大闹天（　）　　　　　西游记之大圣归（　）

2. 选择合适的词语完成句子。

> A. 代表作　B. 西洋镜　C. 电影机　D. 现代　E. 融入
> F. 接近　G. 领先　H. 达到　I. 年代　J. 童年　K. 国产

（1）这所大学有两万九千多名学生，（　　）三万人。

（2）《西游记之大圣归来》是中国优秀的（　　）动画电影。

（3）我们班大部分同学的汉语都（　　）了HSK（中国汉语水平考试）4级的水平。

（4）"peep show"的中文名是（　　）。

（5）张明是我（　　）时的好朋友。

（6）《大闹天宫》是在二十世纪六十（　　）制作的。

（7）最早的（　　）只能放静态的图片。

（8）成都是一座（　　）化的大城市。

（9）中国的乒乓球水平一直处于世界（　　）水平。

（10）水滴（　　）了大海。

（11）《大闹天宫》是中国动画的（　　）。

✎ 练习

1. 阅读课文一，回答问题。

（1）杨老师认为中国动画的起源是什么？

（2）皮影戏又叫什么？

（3）根据课文内容填空。

皮影戏就是老北京人说的_____，也叫_____或_____。以前，人们把_____做成不同的人物，表演者在一张白布后用_____控制，利用_____来一边唱一边表演。皮影戏在_____时就已经有了，到现在已经有2 000多年的历史了。

2. 阅读课文二，回答问题。

（1）中国的第一部动画片是什么？

（2）哪一部动画片说明当时中国动画已接近世界领先水平？

（3）根据课文内容填空。

皮影戏以后，西方传来了_____、_____等，让现代技术慢慢融入了动画制作。中国第一部动画片是于1926年制作完成的_____。1941年制作的_____说明当时的中国动画已接近世界领先水平。从1961年开始制作、于1964年完成的《大闹天宫》，制作水平非常高，_____世界领先水平。

3. 介绍你最喜欢的动画，介绍它的创作团队、编剧、创作时间以及故事大纲等。

4. 说一说你们国家动画的起源与发展。

☑ 补充词汇

1. 起源　qǐyuán；origin
2. 发展　fāzhǎn；develop
3. 传说　chuánshuō；legend

拓展阅读

　　《大鱼海棠》是2016年上映的国产动画电影，讲述了掌握海棠花生长的少女"椿"与人类男孩"鲲"之间发生的故事。"椿"十六岁那天，变成一条海豚进入人类世界，但是却被一张网困住，"鲲"为了救她而死。"椿"在回到自己的世界后，为了报答"鲲"，历经各种困难，终于帮助"鲲"获得了重生。

1.《大鱼海棠》《Dàyú Hǎitáng》；*Big Fish & Begonia*
2. 海棠花　　hǎitánghuā；Chinese crab apple

3. 椿　　　Chūn；Chun, a name
4. 人类　　rénlèi；mankind
5. 鲲　　　Kūn；Kun, a name
6. 海豚　　hǎitún；dolphin
7. 网　　　wǎng；fishing net
8. 重生　　chóngshēng；rebirth